Axel Hacke

# OBERST VON HUHN BITTET ZU TISCH

Speisedeutsch für Anfänger

Mit Zeichnungen von Dirk Schmidt

Verlag Antje Kunstmann

# Zwiebel ruft an – oder: Zur Poesie des Speisedeutschen

Jeder kennt das: Man sitzt in einem Restaurant im Ausland, möchte etwas essen, nimmt die Speisekarte zur Hand. Links sieht man die Speisen in der Landessprache verzeichnet, die versteht man oft nicht, rechts in einer Sprache, bei deren Anblick man sich sagt: Das kommt mir irgendwie bekannt vor. Sieht aus wie die Sprache, die ich selbst spreche, ist aber viel schöner. Kommt einem vor wie Deutsch, ist aber kein Deutsch. Es ist etwas Drittes, ganz Neues.

Beginnen wir mit einem Beispiel. Einer meiner Leser war in Griechenland. Von dort brachte er eine Speisekarte mit. (So etwas tun meine Leser seit vielen Jahren für mich: Sie stehlen unter erheblichen persönlichen Risiken überall auf der Welt Speisekarten und schmuggeln diese außer Landes. Wenn das nicht möglich ist, fotografieren sie die Menülisten. Oder kopieren sie. Oder lernen die Texte auswendig und schreiben sie auf – und füttern mich damit, nur um mir eine

Freude zu machen. Ist das nicht reizend? Ich danke allen herzlich.) Man sah auf dieser Karte links alles auf Griechisch, rechts erblickte der Leser jenes erwähnte seltsam-poetisch verfremdete Auslandsdeutsch. In der Mitte aber waren alle Gerichte auf Englisch verzeichnet, darunter ein kleines Essen, das man vielleicht nebenbei, zum Ouzo, Retsina, vielleicht auch zu einem Bier hätte nehmen können.

Es hieß *Onion rings*. Ganz rechts hatte es auch einen Namen. Der lautete »Zwiebel ruft an«.

Darum geht es in diesem Buch, um solche Gerichte. Denn »Zwiebel ruft an« ist ja nicht richtig. Es ist aber auch, nimmt man es genau, nicht ganz falsch, denn *onion* ist die Zwiebel, *to ring* bedeutet anklingeln, anrufen.

Und vor allem ist es wunderbar.

Und damit wollen wir uns beschäftigen, mit den ganz und gar großartigen Veränderungen des Deutschen im Ausland und der besonderen Erscheinungsform, die unsere Sprache außerhalb des Landes und dort besonders an Tischen und in Küchen annimmt. Im Grunde auch: mit der Sprache in den Zeiten der Globalisierung.

Man macht einen sehr großen Fehler, wenn man nur das Falsche daran sieht. Denn in dem, was wir auf diesen Speisekarten lesen, offenbart sich uns das Deutsche auf eine ganz neue Weise, von jedem Sinn und allem Ballast irgendeiner Bedeutung befreit, als reiner Klang und voller Witz, ja, man hat das Gefühl, als finde das Deutsche erst außerhalb Deutschlands zu sich selbst, gelöst aus den Fesseln der Grammatik.

Ein weiteres Beispiel: »Oberst von Huhn und Breitet sich drastisch in einer Weißweincreme Aus, mit Penne Nudeln Federn und Parmesankäse.« Das fand Frau J. aus Bielefeld im *Finnstown Country House Hotel* in Dublin. Sehen wir ihn nicht vor uns, den Oberst aus altem Adel? Der nie den Sprung zum General schaffte, weil er einmal von seinem Vorgesetzten in der Weißweincreme erwischt wurde, drastisch sich dort ausbreitend, von Federn und Käse bedeckt, ein bisschen pervers und sehr daneben, bürgerlichen Konventionen Hohn sprechend, aber doch eben äußerst lebensfroh.

Das ist unsere Galionsfigur. Oberst von Huhn ist der Mann, dem wir folgen wollen, getreu dem Motto, welches das Ehepaar B. aus Haltern auf einem Schild im portugiesischen Ort Alvor an der Algarve entdeckte: »Hier windaugh DEUTSCH gesproghen.«

Wobei der Satz, den Leser B. im Restaurant *Monteverde* auf Teneriffa vorfand, auch sehr schön wäre: »Wir Aprachen Deutsches.«

Und im Zusammenhang mit *Onion rings* möchte ich die englische Version dieses Satzes nicht unerwähnt lassen: *We spoke English.*

Aber nun geht's los!

Oberst von Huhn bittet zu Tisch.

# Vitello Tornado – oder: Vorspeisen und kleine Gerichte

Oberst von Huhn bittet zunächst in München zu Tisch, in einem Lokal in der Frauenstraße, wo Frau S. aus Martinsried unter den Vorspeisen ein »Thunfischfilet auf Frisbeesalat« entdeckte, eine weltweit vermutlich einzigartige Spezialität. Eine Alternative wäre, was Leser H. mir aus Oberursel schickte, gefunden in einem dortigen Lokal: »Vitello Tornado«. Hinreißend der Beitrag von Herrn R. aus Wasserburg am Bodensee, der auf La Palma »Suppe von des Kükens Erbse« aß, wobei ihn besonders der korrekt zubereitete Genitiv entzückte, der ist ja selbst in Deutschland heutzutage kaum noch zu bekommen.

Und damit beginnen wir erst ein Menü, wie es den Sprachfreund entzückt; man fragt sich schon gar nicht mehr, was denn die Erbse eines Kükens überhaupt sein soll, man bestellt einfach wegen dieses schönen Wesfalls – wie man ja auch in jenem Lokal in Barr/Bas-Rhin im Elsass, das Herr B. aus Konstanz vor Jahren besuchte, kaum an dieser Speise vorbeikommt: »Überbackener Oberbegriff für Schalen- und Krustentiere«.

So etwas liebt der Sprach-Gourmet. Überbackene Oberbegriffe! Geröstete Substantive! Ein Soufflé von Verben! Pochierte Präpositionen!

Und wie entzückt es uns, wenn wir ganz nebenbei einmal ein Wort entdecken, das die Sache, um die es geht, viel besser trifft als der vom Koch (oder in diesem Fall der Fast-Food-Firma) gewählte Begriff. Frau G. aus Starnberg zum Beispiel fand bei *McDonald's* auf Mallorca einmal das Angebot von »Huhnklumpen«, welche sich als *Chicken McNuggets* entpuppten – doch wer je vor einer Schale Hühnernuggets saß, der weiß, welches Wort das bessere ist. Übrigens entdeckte dieselbe Leserin in Ungarn auf mehreren Speisekarten »Drahthuhn«, das sich dann als »Truthahn« entpuppte. In diesem Fall hofft man einfach, dass »Drahthuhn« nichts Treffendes hatte, wer mag schon drahtige Hühner, oder waren es Käfigtiere? Handelte es sich gar um jene Wesen, die ich auf einer amerikanischen Speisekarte fand, im »Caesar Salad mit Vergitterten Hühner 9$: Der frische Römische Salat mit dem vergitterten Huhnbrust, shredded Parmesan-Käse rollte in dem sahnigen Ankleiden von Caesar und überstiegen mit Croutons«?

Jedenfalls, wenn wir gerade bei Hühnern sind: Leser B. erwähnt in einer Mail, es habe in Budapest einmal »gebügeltes Hühnchen« gegeben – und bei dieser Gelegenheit findet man es plötzlich fast seltsam, dass unter all den Innovationen, die Jahr für Jahr unsere Küchen heimsuchen, noch nie die Idee war, ein Bügeleisen zur Zubereitung einer Mahlzeit zu verwenden. Mag sein, dass es beim Hühnchen nicht einmal sooo naheliegt, es zu bügeln, aber ein Kotelett zum Beispiel…?

Als kleines Zwischengericht biete ich »Gefühlten Hühnersack« an, Leser G. brachte ihn aus Kutná Hora/Tschechien mit.

Hier lässt sich übrigens ein Trend beobachten: Überall auf der Welt werden auf Deutsch gefühlte Gerichte angeboten. Herr H. aus Oldenburg brachte von einer Radtour durch die slowenische Provinz »gefühlte Tintenfische« mit, Frau L. verspeiste in der Tumblinger Straße in München »gefühlte Tomaten«, die Regensburger Leserin D. las in Fazana/Kroatien von »gefühlten Halchfleisch-Snitzeln«, aß sie aber doch nicht, im Gegensatz zu Frau T. aus Hannover, die in Monschau bei Aachen »gefühlte Paprikaschoten« verzehrte. Ein Münchner Italiener in der Tegernseer Landstraße schließlich bot Frau K. und allen anderen Gästen »gefühlte involtini« an.

Wie kommt das? Wir leben ja in gefühligen Zeiten, man redet von gefühlter Inflation und gefühlten Temperaturen, überall bekennt man sich zu seinen Gefühlen – liegt es daran? Und was ist letztlich ein gefühlter Hühnersack, zum Beispiel? Haben wir es dann gar nicht mit einem Hühnersack zu tun, sondern mit etwas anderem, das wir nur als Hühnersack empfinden? Kann man uns etwas, das kein Hühnersack ist, als Hühnersack servieren, weil wir fühlen, dass es ein Hühnersack ist? Oder sein könnte?

Das sind im Letzten doch sehr tief gehende Fragen.

Es könnte aber auch alles viel banaler sein, nur ein Schreibfehler, und man wollte »befühlt« sagen, also: dass der Koch die Hühnersäcke, Tintenfische, Tomaten, Paprikaschoten, Involtini und das Halchfleisch sorgfältig befühlt habe, bevor er sie zubereitete.

Jedenfalls erinnert mich das Ganze an das Foto eines mit Kreide beschriebenen Schildes vor einer Bäckerei, das man mir mal schickte. Dort stand: »Das bewußte Frühstück-Brötchen Mit weniger Fett - Fett reduzierter Wurst u. Käse«.

Hier sind es nun nicht mehr wir, die etwas fühlen, hier ist es ein Brötchen, das über Bewusstsein verfügt. Aber wer, um Himmels willen, brächte es fertig, ein »bewußtes Brötchen« zu essen?! Hier geht es doch nicht mehr um ein »gefühltes Brötchen«, also um etwas, das wir – mag es nun ein Brötchen sein oder nicht – jedenfalls doch als Brötchen sehen. Hier ist es das Brötchen, das über ein Bewusstsein seiner selbst verfügt, sich also persönlich als Brötchen empfindet – und zwar noch im Zustand seines Brötchenseins. Das ist etwas anderes, als einen Kalbsbraten zu essen, der einmal ein Kalb war. Hier nehmen wir quasi ein noch lebendes Wesen zu uns.

Vor vielen Jahren wurden übrigens in einem Lebensmittelgeschäft in dem italienischen Dorf, in das ich regelmäßig fahre, »beleckte Brötchen« angeboten, das muss man sich einmal vorstellen: dass ein bewusstes Brötchen vor dem Verkauf nicht nur von Lebensmittelhändlerfingern befühlt, sondern auch von einer Lebensmittelhändlerzunge beleckt wird!

Herr G. aus Bachern war vor Jahren in Bardolino am Gardasee. Überall im Hafen sah er Hinweisschilder, das Anlegen von Booten sei verboten. Einmal las er aber auch eine zusätzliche Mahnung: »Ungenehmigt parkende Boote werden abgeschlegt.«

Eigentlich nett, fand G., dass man sein Boot nur ohne Erlaubnis anlegen müsse, um es nach einem kleinen Spaziergang komplett abgeschlegt wiederzufinden. Aber seltsam doch andererseits, wozu italienische Zungen fähig und bereit sind …

Noch einige weitere Worte zu den Vorspeisen.

Es lässt sich feststellen, dass unter den Entree-Spezialisten der Weltküche Avantgardisten von Rang arbeiten, denken wir nur an jenen Kollegen, der in San Antonio auf Ibiza tätig ist und dessen Speisekarte Frau B. aus Riemerling ausfindig machte. Gleich als erste kleine Speise unter den »Appetitanregern« finden wir dort »Käse und Frühstücksspeck über Kartoffelschalen montiert, begleitet mit sauerer Creme«.

Nun ist ja das Verb »montieren« auch in der Küche gebräuchlich, allerdings eher im Zusammenhang mit dem Aufschlagen von Saucen. Beim Montieren von Käse und Frühstücksspeck über Kartoffelschalen hingegen denkt man an die in Werkstätten übliche Montage, an ein Verschrauben, Verlöten und Zusammennieten, und mir fällt sofort der »Pfeffer-Wagenheber-Käse« ein, der nach Auskunft von Frau K., die als Reisebegleiterin in den USA lebt, unter den »Aperitifs« der Karte des *Quality Inn* des *Mountain Ranch Resorts* in Williams/Arizona auftauchte, gleich um die Ecke des Grand Canyons, leider nur bis etwa ins Jahr 2008.

Zum Wagenheber-Käse würde als Wein ein »Sattelschlepper libies weiss« aus einer Pizzeria in Montefiascone am Lago di Bolsena passen. Den gäb's auch in Rot, schreibt Herr T. aus Radolfzell.

Was dann unter den unter dieser Menüliste angebotenen »Chilitos jalapeños peniert« zu verstehen ist, nun ja, das geht vielleicht etwas zu weit, nicht wahr? Wir kennen von der Arbeit am Herd das Verbum »panieren«, aber ob wir um das vom Koch vorgenommene »Penieren« wirklich wissen wollen und ob wir eine »penierte« Speise bestellen wollen würden? Ich zweifle.

Bei der Verarbeitung von Rohstoffen ist unter den Vorspeisen-Köchen neben das Montieren und Penieren in den vergangenen Jahren offensichtlich auch das Rauchen getreten: Herr S. aus Wörrstadt brachte aus Świnoujście an der polnischen Ostseeküste, dem früheren Swinemünde, das Foto einer mit Kreide beschriebenen Schiefertafel mit, auf der »gerauchte Fische« empfohlen wurden. Und auf der Karte des *Finnstown Country House Hotel* in Dublin, der Heimat von Oberst von Huhn, findet sich ein Essen mit dem Titel »Wärmen Sie gerauchte Makrelen Salate, Kirschrote Tomaten, hat Balsamische Reduktion Salatblätter angekleidet«.

Ist das nicht wunderbar?! Dass der Koch die eingekauften Fische zunächst selbst raucht und dann dieses Gerauchte zum Kochen verwendet?!

Mich erinnert das an eine Mail, die ich einmal von Frau J. erhielt. Ihre Familie habe, berichtete sie, auf dem Grundstück einen Räucherofen besessen, den der Großvater befeuerte und dessen Asche er in einen Eimer zu füllen pflegte. Eines Tages sei, schrieb J., vorne im Haus ihre Tante mit diesem Eimer erschienen und habe auf die Frage nach dessen Inhalt geantwortet: »Das ist die Asche vom Opa, hinten vom Räuchern.«

Eine Enttäuschung war hingegen, was meine liebe Freundin A., immer an kulinarischer Avantgarde interessiert, in Budapest erlebte. Auf der Karte stand »Ungarischer Vorspeisenteller, neu gedacht«. Es handelte sich dann aber lediglich um eine rote und eine grüne Paprika, eine Scheibe Paprikawurst, dazu eine Art Paprikafrischkäse. Vielleicht sei noch eine Gurke dabei gewesen, sagt A., sie wisse es nicht mehr genau. Jedenfalls war nichts daran neu, auch nicht neu gedacht. Es war alte ungarische Vorspeisenschule.

Bevor wir zum Höhepunkt dieses Kapitels kommen, hier einige weitere Beispiele für einfallsreiche Entrees aus der großen weiten Welt der Vorspeisen.

Herr K. aus Gilching sah vor vielen Jahren in einem türkischen Lokal in Köln-Mülheim »Muchelen mit Shane und ville Sarfe«.

Herr B. aus Aystetten genoss in Los Llanos auf La Palma »Salat der Befestigungsklammer«.

Schließlich: »Makrone gebratener Stopfleber tunkt Honigkuchen aus« stammt aus einem Lokal in Cancale in der Bretagne, eines der innovativsten Restaurants überhaupt, leider ist mir sein Name entfallen – aber die Fotos der Speisekarte liegen hier, ich war nämlich selbst dort und habe sie gemacht. Und wir werden in diesem Buch noch mehr davon lesen.

Nun aber zum Gipfel modernen Vorspeisenwesens überhaupt.

Frau H. aus Mainz schickte mir eine Karte, die, so schrieb sie, vor Jahren vor den ausgesuchten Gästen einer Werkseröffnung einer großen deutschen Autofirma in Russland auf den Tischen lag.

Dieses Menü wurde eröffnet mit einem Gericht namens »Die königliche Krabbe mit dem frischen Laub und Toast aus der französischen Leiste«, wobei uns besonders das frische Laub natürlich sofort an das *Noma* in Kopenhagen erinnert, von Kennern wiederholt zum besten Restaurant der Welt gekürt. Der dortige Chefkoch René Redzepi geht bei der Produktsuche gern auch in die dänischen Wälder und kommt mit Moosen und Flechten zurück, die dann auf den Tellern landen – warum also nicht auch einmal mit frischem Laub? Dass man dann aus einer französischen Leiste Toast gewinnen kann, ist überraschend, zumal die wenigsten wissen, was eigentlich eine französische Leiste ist, auch ich nicht.

Es gab aber ein Gericht in Russland, mit dem der Koch dort Redzepi weit hinter sich ließ: »Die Kollektion der Scheibchen des Roastbeefs und des Kalbfleisches Vom Gelee aus der roten Schuld«.

Dass man sich hier, vor den Gästen eines festlichen Menüs, so en passant zur »roten Schuld«, also der Hinterlassenschaft des kommunistischen Regimes in Russland, nicht nur bekannte, sondern diese Schuld auch noch in einen Bestandteil des Festmahls verwandelte, sie einkochte, gelierte und neben einer Fleischscheibchen-Kollektion drapierte, so dass die Essenden sich diese rote Schuld einzuverleiben in der Lage waren, wodurch wiederum diese Schuld einerseits in den Körpern der Essenden verarbeitet wurde, anderseits genau diese Körper kräftigte und zu neuen, hoffentlich in Schuldlosigkeit ausgeführten Taten befähigte – das hat ja eine Größe, die nicht nur weit über banales Kochen hinausgeht, sondern auch die Grenzen der Molekularküche eines Ferran Adrià überschreitet, des Katalanen vom *El Bulli*, der in seiner Molekularküche eigentlich keine Rohstoffe mehr nutzte, sondern nur noch Geschmacksessenzen. Und der so viele Jahre als bester Koch der Welt galt.

Hier befinden wir uns im Bereich des Happenings und der Kunst.

Verzückt sollen die Gäste in Russland die Teller abgeschlegt haben.

## Slips in Bäuerlichen – oder: Die Vielfalt des Schweinefleischs

Schon die bisherigen Beispiele für Gerichte aus aller Welt legen nahe, dass hier nicht allein Menschen am Werk sein können. Ein so hohes Niveau des Irrtums kann nicht nur Ergebnis der Zusammenarbeit des Wirtes mit einem Freund sein, der einen Onkel hat, dessen jüngste Nichte in der Schule Deutsch im zweiten Jahr hat.

Hier müssen höhere Wesen arbeiten, Elektronenhirne. Wir finden sie im Internet unter den Namen *Babelfish, Bing* oder *Google*, und im Gegensatz zu den hervorragenden Wörterbüchern, die uns zur Verfügung stehen, übersetzen sie auch ganze Sätze.

So gut sie können.

Und sie können es sehr gut. Zum Beispiel erkennt ein Übersetzungsprogramm im italienischen Wort *filetto* nicht nur das uns vertraute »Filet«, sondern auch die erste Person Singular des Verbums *filettare* – und das bedeutet »ein Gewinde schneiden«. So wird aus einem *Filetto al pepe verde* oft ein Gericht namens »Ich schneide ein Gewinde zum grünen Pfeffer«. Natürlich könnte es auch einfach ein »Filet mit grünem Pfeffer« sein. Aber irgendwie traut der Computer wohl der Übersetzung *filetto* = Filet nicht so ganz. Und hat er nicht recht? »Filet« ist ja nicht eigentlich ein deutsches Wort. Warum soll er es als solches erkennen und behandeln?

Nicht viel anderes ist ja unserem Titelhelden zugestoßen.

»Oberst von Huhn und Breitet sich drastisch in einer Weißweincreme Aus, mit Penne Nudeln Federn und Parmesankäse« heißt auf der englischen Seite der Speisekarte in Dublin *Supreme of chicken and mushroom in a white wine cream, with penne pasta nibs and parmesan cheese.*

*Supreme* kommt vom französischen *suprême*, das ist die Geflügelbrust mit ihrer Haut und einem Flügelknochen dran – aber es ist eben ein französisches Wort, kein deutsches. Nach einem deutschen Wort für *supreme* suchend, stößt man auf »oberster, höchster«, der *Supreme Court* ist der Oberste Gerichtshof – *supreme of chicken* ist also Oberst von Huhn.

Und wieso breitet er sich drastisch aus? Weil *mushroom* nicht nur »Pilz« heißt, sondern auch ein Verb ist: *to mushroom* bedeutet »wuchern« – oder eben »sich drastisch ausbreiten«.

Wir lernen: Das Übersetzungsprogramm wird sich im Zweifel immer für ein Wort entscheiden, das irgendwie deutscher klingt. Das heißt, wenn sich aus dem französischen Wort *coulis* einfach das ja ebenfalls deutsche (aber eben französischstämmige und französisch klingende) »Püree« machen lässt, andererseits aber auch der Begriff »Ausfugmasse« zur Verfügung steht, wird es sich immer für »Ausfugmasse« entscheiden.

Dazu aber später mehr, im Kapitel über die französische Küche zum Beispiel, auch bei den italienischen Gerichten.

Wir sind ja hier beim Schweinefleisch.

Kommen wir zu einem kleinen Beispiel aus der bulgarischen Küche, das *Kjufteta po cirpanski* heißt und aus Reisfleischbällchen in einer Art Suppe besteht. Es ist nun wichtig zu wissen, dass aus einer nicht gerade weltweit verbreiteten Sprache wie dem Bulgarischen kaum je direkt ins Deutsche übersetzt wird. Da mangelt es an Personal und an Software.

Es geht also erst einmal ins Englische. *Kjufteta po cirpanski* sind, so fand ich es im Internet auf einer bulgarischen Karte: *Meat balls Chirpan style.*

Das wären nun – dazu bräuchte man nicht einmal einen Computer – »Fleischbällchen nach Tschirpaner Art«. Wobei Tschirpan eine Stadt in Zentralbulgarien ist und das Hackfleisch für die Fleischbällchen nur zur Hälfte vom Schwein, zum anderen Teil aber vom Rind kommen sollte.

Gibt man aber *Meat balls Chirpan style* in eines der gängigen Übersetzungsprogramme ein, erhält man, zum Beispiel: »Fleisch bumst Chirpan Stil«. So steht es auch auf der erwähnten Karte – und warum?

Weil *ball* zwar ein Ball und vielleicht auch ein Bällchen sein kann, *to ball* aber auch ein Verb. Es bedeutet »bumsen« – und da kann er eben wohl nicht anders, der Computer, er muss es tun. Und er tut es. Auch eine Maschine hat fleischliche Gelüste, auf ihre Weise, so sieht's jedenfalls aus.

Wobei wir sehr knapp ganz anderen Resultaten entgangen sind. *Balls* bedeutet ja, in einem sehr vulgären Ton, auch »Klöten«, dann hieße das Gericht »Fleischklöten Tschirpaner Art«. Andererseits wäre *ball* in der Sprache der Geologen, wie ich höre, »konkretionärer Kalkstein«, als solchen übersetzt ihn aber keine Software. Sie neigen halt zum Vulgären, die Apparate.

Und zum Besserwissen.

Gebe ich zum Beispiel *Meatballs Chirpan Style* ein, korrigiert es der Computer sehr oft automatisch in *Meatballs chirp an style*, weil er die schöne Stadt Tschirpan nicht zu kennen scheint. Das Ergebnis ist dann: »Frikadellen zwitschern einen Stil«.

Nun einige Worte zu weiteren Zubereitungsarten des Schweinefleischs außerhalb Bulgariens. Es begegnet uns ja draußen in der Welt in den mannigfachsten Erscheinungsformen, sei es als »Entrecotes zum Schwein vermehrtsich«, wie es die Bielefelder Leserin A. aus Rimini mitbrachte, sei es als »Schweißruckensteak«, wie es Frau R. aus Leipzig in der Hitze Spaniens entdeckte. Frau V. aus Köln sah in Portugal »Gegrilt Lendeschweine«, Frau W. auf Teneriffa ein »Schönes Schenkelschwein«. Herrn H. wurde in Lissabon »Schweinefleisch an der

Portugiesin« ebenso angeboten wie »Schweinefleisch an den Papas«, Frau L. aus Bochum saß in Saintes Marie de la Mer in der Camargue vor »Schweinebraten kocht am Ofen durch unsere Pflege«, Leserin S. im Elsass vor einer »Gebratenen Schweineausbuchtung«, im (aus dem Vorspeisenkapitel schon bekannten) bretonischen Cancale schließlich gab es »Schweines niedlich, das gebraten, von Kartoffeln im Samen von Senf erdrückt ist, saurer Sauce sanfter(süßer) Honig, grüne Zitrone und Ingwer«.

Was für eine unglaubliche Art der Schweineschlachtung, nicht wahr? Dass die niedlichen Tiere nicht grob dahingemetzgert, sondern von Kartoffeln im Samen von Senf erdrückt werden …

Frau B. aus Odelzhausen schließlich erinnert sich an ein vor vielen

Jahren in einem Motel am Autoput zwischen Belgrad und Niš zur Wahl gestandenes Gericht namens »Schweinsgetöse«.

Die größte Vielfalt der Schweinefleischzubereitung findet sich vielleicht in der polnischen Küche. Bereits vor längerer Zeit hatte mir Herr U. aus Falkensee für meinen *Wortstoffhof* aus einem Restaurant in der polnischen Stadt Torun (zu deutsch: Thorn) berichtet, in dem es ein Gericht namens »Schweinefleisch Dänemark« gab, eine Seite weiter sogar »Dänemark ohne Fleisch«. U. hatte polnische Verwandte bei sich, die erklärten, das polnische *danie* bedeute »Gericht«, sein Plural sei *dania*, was aber auch »Dänemark« heiße. Also seien *dania z wieprzowniny* einerseits »Schweinefleischgerichte«, andererseits »Schweinefleisch Dänemark«. Und vegetarische Speisen (»ohne Fleisch« also) sind »Dänemark ohne Fleisch«.

Auf einer interessanten polnischen Internetseite namens *kotlet.tv* fand ich nun, die Vorliebe der Polen für Schweinefleisch betreffend, den schönen Satz: »Die meisten Schweinefleisch essen wir in Wärme um, zum Abendessen, aber es gibt auch in dünnere Scheiben schneiden.«

Und auf der ebenfalls polnischen Rezeptseite *kuchniabakino.blox.pl* entdeckte ich die ganze Variationsbreite der Schweinegerichte in Polen, nicht nur »Schweinefleisch Dänemark«, sondern auch »Niederländisch Schweinefleisch«, »Fleischbällchen mit Auge« und »Slips in Bäuerlichen« (»Fleisch … in Schmalz anbraten, errötend von beiden Seiten«), ja sogar eine Speise mit dem Titel »Jakobsmuscheln mit Gemüse« wird hier keineswegs mit auch nur einer einzigen Jakobsmuschel zubereitet, sondern wiederum mit Schweinefleisch, Tomaten, Zwiebeln und so weiter sowie einer Zutat namens »Por«.

Auch »Tauben auf Debreczynsku« kommen vollkommen taubenfrei auf den Tisch, es handelt sich um, nun ja, Schweinefleisch, diesmal mit Würstchen und Kraut, ich zitiere aus dem Rezept: »Wenn Sie noch kein Sauerkraut in Köpfen, hinterlässt einen frischen Verbrennungen, schneiden Sie die Perle, vorbei an der Sauerkraut und verlassen für mindestens mehrere Stunden. Hacken Speck in kleine Würfel schneiden, wytopić in der Pfanne, Grieben zu Hackfleisch hinzufügen. Zwiebeln fein hacken und wütend mit dem geschmolzenen Fett von Speck ...«

Der Text schließt mit dem lapidaren Satz: »In der Frage der Creme auf der Oberseite gießen.«

Dafür gibt es nun keine Erklärung mehr. Das müssen wir bitte einfach so hinnehmen – und wir tun es auch gern.

# Chilli mit Gepäck – oder: Aus der ambitionierten Rindfleischküche

Wie sich das Schweinefleisch in seiner Zubereitung durch Vielfalt auszeichnet, so überzeugt uns die weltweite Rindfleischküche mit ihrem Wagemut und ihrer Ambition.

Großartig zum Beispiel das »Rumsteck mit Kroita«, das Herr B. bei einem Italiener in Berlin fand. Man sieht das vor sich, wie die Kroita (sehr schön hinberlinert, nicht wahr?) da auf dem Teller rumgesteckt sind. Ein bisschen fragt man sich: *worum* denn? Um das Fleisch?

Noch besser: »Vollgestopfte Eiszapfen des Fleisches badeten in Soße von bechamel« aus dem *Hospederia Restaurant Santuari de Cura*, Familie N. brachte sie von einem verlängerten Wochenende auf Mallorca mit: etwas ganz Besonderes, denn Eiszapfen des Fleisches sind schwer zu bekommen, gerade in der Hitze Spaniens. Und was die Zubereitung angeht: Wer je einen Eiszapfen vollgestopft hat, weiß, wovon ich rede.

Übrigens fällt mir dazu das einzige Pferdefleischgericht dieses Buches ein, »Geschnittene Kälte des Pferdes« *(Tagliata fredda di cavallo)*, ein Fund am Gardasee, von Frau J. aus Stephanskirchen. Ist das nicht toll? Wir kennen alle schneidende Kälte. Aber geschnittene Kälte? Des Pferdes?

Fast noch schwieriger zu handhaben: »Filemignon auf einem Bett aus zu erhöhen«. Das las Frau S. auf einer Karte in Dubrovnik, und man kommt aus dem Grübeln nicht mehr heraus. Wie hat der Koch das gemacht, im Bett, *auf* dem Bett? Was hat er überhaupt erhöht? Das Bett? Das Filemignon? Warum erhöhte er es? Kann man ein Filemignon überhaupt noch erhöhen? Ist Filet Mignon nicht schon das Höchste, was uns ein Rind zu bieten hat?

Vollends rätselhaft, was die Küche des *El Pescador* im Hotel *Gran Bahia Principe* in der Dominikanischen Republik Herrn Z. aus München präsentierte: »Filet des Tieres mit Symphonie von Pilzen und É des Papstes Souffl«. Das klingt seltsam abgebrochen, als habe der Koch beim Verfassen der Speisekarte gegen Ende des Wortes »Soufflé« plötzlich einen verbrannten Geruch aus der Küche gespürt und sei sofort dorthin gerannt. Oder sollte es »Souffleur« heißen? Wobei ein Souffleur auf einer Speisekarte nichts zu suchen hat. Indes: ein Papst ja auch nicht.

Gab es vielleicht einen Papst, der Souffl hieß? Papst Souffl I.?

Manchmal hat man allerdings auch das Gefühl, als gebe es bei den Speisekarten ebenso wie in der Küche so eine Art Resteverwertung.

Wie einer ein Essen aus dem zaubert, was eben noch im Kühlschrank so vorhanden ist, so schreibt ein anderer eine Speisekarte mit den Buchstaben, Silben und Wörtern, die noch herumliegen – in diesem Fall zum Beispiel ein É, ein »Papstes« und ein »Souffl«.

Jedenfalls würde ich gerne wissen, wie ein É schmeckt, wo bekommt man schon ein É, und dann sogar ein É des Papstes? Jetzt bin ich schon über fünfzig, noch nie habe ich ein É gegessen.

Apropos Resteverwertung: Immer wieder landen die erstaunlichsten Dinge auf der Karte und in den Speisen, oft scheinen die Köche buchstäblich alles zuzubereiten, was so in der Küche herumliegt, nicht selten handelt es sich auch um unsereins vollständig unbekannte Zutaten. In der Schweinefleisch-Abteilung zum Beispiel habe ich ganz

vergessen zu erwähnen: »Franzosen 12oz schnitten die Schweinekotelettwanne, die mit einer Portglasur verbrannt wurde und gebacken war«. (Das entdeckte Frau S. aus München im *Holiday Inn Restaurant* in Downtown Fresno/Kalifornien.) Eine Schweinekotelettwanne, das ist, vermute ich, so eine Plastikwanne, in welcher der Metzger das Fleisch anliefert. Aber dass jemand die mit Port glasiert, backt, dann verbrennt und danach serviert – wow!

Und was ist ein Kalbsbrustknorpel, wo befindet er sich und wie bereitet man ihn zu?

Frau V. aus Köln schrieb mir, sie habe vor Jahren mit ihrem Mann in Frankreich Urlaub gemacht. Einmal seien sie in einem Restaurant gelandet, dessen Karte nicht die geringste Übersetzungshilfe anbot. Da sie mit ihrem Schulfranzösisch beide nicht recht weitergekommen seien, hätten sie schließlich den Kellner mit einem französischen Wort von der Karte zu einem des Englischen mächtigen Kollegen geschickt. Kurz darauf sei er mit einem Stück Papier zurückgekommen, auf dem eine englische Vokabel stand, die sie beide ebenfalls nie gehört hatten. Schließlich machte der Kellner gestikulierend ein Angebot, das sie so verstanden: Im Keller des Hauses lebe ein Deutscher, den werde er nun fragen.

Wieder zwei Minuten später stand der Ober mit einem weiteren Zettel am Tisch, auf dem stand das Wort »Kalbsbrustknorpel«. Das bestellten Frau V. und ihr Mann der Einfachheit halber: Es handelte sich um Kalbsbrust in Weißweinsoße mit Gemüse. Sehr gut. Von Knorpel keine Spur. Aber bis heute beschäftigt das Ehepaar V. die

Frage, wer da im Keller des Lokals als Übersetzungshelfer gelebt habe. Ein übrig gebliebener deutscher Kriegsgefangener?

Nun zu einem wirklichen Rindfleisch-Höhepunkt, der Karte des *Quality Inn* im *Mountain Ranch Resort* in Williams/Arizona, das wir schon aus der Vorspeisen-Abteilung kennen.

Die Rindfleischgerichte finden sich unter der Überschrift »Steaks? Schläge«.

Zuerst steht da: »Unsere Unterschrift und ein großer an 22oz. überstiegen mit unserer chipolte Butter«. Das klingt schon mal sehr interessant, denn es ist ja nicht nur so, dass ich noch nie ein É aß; ich speiste auch noch nie eine Unterschrift, noch dazu mit Butter überstiegen, womöglich mit »Gedämpftem Mischmasch von Gemüsepflanzen« als Beilage, wie er im Folgenden angeboten wird.

Und wenn einem eine Unterschrift irgendwie zu wenig ist? Oder wenn man Unterschriften generell nicht so mag?

Dann bietet sich an: »Die Kürzung des Herrn (12 Unzen)« oder »Dame-Kürzung (8 Unzen)«, schließlich sogar das Gericht »Ausziehen von New York 22$ (NEW YORK) 12 Unzen. Hauptkürzung gekocht zu Temperatur und überstiegen mit unserer speziellen chipolte Butter«. Ja, es kann sogar, wer nicht beim Rindfleisch bleiben möchte, »Doppelte Zentrum-Kürzungsschweinsrippchen« bestellen.

Kürzungsschweinsrippchen? Sind das »Spar Ripps«, wie sie Leser S. aus München bei *Curry 54* in Magdeburg sah?

Zum Höhepunkt dieses Kapitels, einem Gericht aus Cancale: »Von rumsteack poôélé gepflastert, Senfes in Estragon sahnig, Knauseriger(Dürftiger) dichter Nebel und kleine Gemüse«.

Was mir hier erstens gut gefällt, ist die in Klammern dem Wort »Knauseriger« folgende Alternative »Dürftiger«: als habe sich der glänzende Übersetzer dieses Textes bei seinen Überlegungen nicht recht für ein Wort entscheiden können. Als habe er gezweifelt, ob der dichte Nebel über dem *rumsteack* wirklich knauserig genannt werden könne. Ist er nicht doch eher dürftig?, muss er gedacht haben. Um dann seine Zweifel und seine Unentschlossenheit an den Leser weiterzugeben, der sich ja, wenn er das Gericht bestellt hat, selbst ein Bild machen kann, soweit er etwas sieht natürlich, vor lauter Nebel. Wir haben es hier ja quasi mit dem Gegenentwurf zu jenen Gerichten zu tun, die Loriot einmal »übersichtlich« nannte.

Übrigens fallen mir bei der Gelegenheit die Geschäftsbedingungen der Fährgesellschaft *P&O Ferries* ein, die Verbindungen zwischen dem europäischen Festland, Großbritannien und Irland anbietet. Dort heißt es nämlich (Frau H. aus Pinneberg informierte mich anlässlich einer Reise nach Dublin darüber): »Wir tun unsere Bestens unsere Mahlzeiten übersichtlich zu halten.«

Zweitens mag ich an diesem Gericht sehr, dass es uns eine weitere Alternative zur Schreibweise des Wortes »Rumpsteak« liefert. *Rumsteck* hatten wir schon, nun lernen wir *rumsteack* kennen, ich möchte noch anbieten: Rum-Steak, Ruhm-Steak, Rumpf-Steak, rumsteg, rumpfsteck, Rummsteack, Rumms-Tejk.

Gerne auch mit Kreuta. Oder Krojter?

Drittens ist darauf hinzuweisen, dass hier in Cancale (soweit ich informiert bin) wohl zum ersten Mal, jedenfalls in Europa, der Versuch gemacht worden ist, »Wetter« essbar zu machen und auf den Tisch zu bringen. Wer hätte je Nebel auf oder über dem Teller gehabt!? Lediglich in den USA ist man weiter, dort, so teilt mir Frau S. aus München mit, gab es im schon erwähnten *Holiday Inn Restaurant* in Fresno schon »Blitz gebraten und mit einem Knoblauch Aioli und einer marinara Soße gedient«.

Wer schon mal versucht hat, in seiner Küche einen Blitz zu braten oder sonst wie zu garen, der wird den Mut des Kochs zu würdigen wissen.

Mag jemand kein Rindfleisch, bietet ihm Leserin K. aus Bonn »lame Beine« an, die sie vor langer Zeit in Titos Jugoslawien sah.

Es war Lammkeule.

Wer auch Lammkeule nicht mag, sollte es mit einem »Chilli con cane« probieren, das, wie mir Frau F. aus Freising mitteilte, von einem Catering-Service in Haimhausen angeboten wird. Wobei mir das Wort »Chilli« schon mal sehr gut gefällt, es kommt (im Gegensatz zum »Chili«, dessen Ursprung die Chilischote ist) sicher von *chillen*, also »sich ausruhen«, und in diesem Fall hat der Koch vielleicht keine Lust gehabt, zum Metzger zu gehen, er chillte zu lange und hat dann einfach den gerade vorbeigestreunten Haushund verarbeitet.

Wer doch Rindfleisch mag, sollte das »Chilli con Carne« nehmen, das laut Leser W. Tagesempfehlung eines Kaffeehauses in Wien war, es wurde allerdings »mit Gepäck« angeboten. Das könnte schwer im Magen liegen.

W. entdeckte auf einer Wiener Karte auch »Fledermaus gebacken mit Petersilerdäpfeln und Gurkensalat«. Wobei »Fledermaus« nun interessanterweise wiederum Rindfleisch ist, denn so nennt man in Österreich ein kleines und saftiges Fleischstück, das am Kreuzbein des Tieres sitzt. Man sagt dazu auch »Schalblattl« – was eben nicht, wie man denken könnte, die österreichische Übersetzung von »Schallplatte« ist.

Von der Fledermaus nun weiter zu den Geflügelgerichten.

# Truthahnbusen – oder: Einige Geflügelgerichte

Eine Geflügelabteilung erübrigt sich eigentlich in diesem Buch, tauchen doch entsprechende Gerichte in vielen Kapiteln verstreut auf, ich verweise nur auf den »gefühlten Hühnersack« unter Vorspeisen. Auch steht ja das gesamte Werk unter der Schirmherrschaft des Obersten von Huhn.

Wenn ich dennoch ein Geflügelkapitel einfüge, dann nicht wegen des »Putenbusens«, von dem mir jemand nach einer Lesung in Erfurt erzählte, er hatte ihn in Tschechien gesehen, oder war es Ungarn? Auch nicht wegen des »gefüllten Truthahnbusens«, den Leser S. aus Wien in der ungarischen Stadt Eger verzehrte, obgleich es schade gewesen wäre, ihn hier nicht dabeizuhaben. Es ist ja auch bedauerlich, dass wir keinen gefühlten Truthahnbusen vorweisen können, ganz zu schweigen vom befühlten oder gar beleckten Truthahnbusen. Das alles hat sich wohl einfach nicht machen lassen.

Diesen Geflügelabschnitt schreibe ich auch nicht wegen des »Gierigen Wachtelsalade an foie gras«, den Herr J. aus Essen in Épernay/Frankreich entdeckte, obwohl es besonders betrüblich gewesen wäre, würde er in diesem Buch fehlen. Man denkt unwillkürlich an ein Nest voller junger Wachteln, deren offene Schnäbel sich gierig der sie päppelnden Mutter entgegenrecken.

Drittens ist auch der »Fischteich des Huhnes mit lanbondigas und Gemüse« aus dem *Hospederia Restaurant Santuari de Cura* auf Mallorca nicht der Grund für das Einfügen dieses Abschnitts, wenngleich ich es persönlich sehr bedauert hätte, diesen vielleicht auf den Besitzungen des Obersten von Huhns persönlich befindlichen Fischteich nicht hier erwähnt haben zu können.

Es ist schließlich auch nicht der »mit Kachfleisch gefüllte Kühner-

hals«, von dessen Existenz ich mich einst persönlich in der Altstadt Sienas überzeugte, der mich veranlasste, hier ein Geflügelkapitel zu schreiben, wenn es auch im Grunde unverzeihlich gewesen wäre, von diesem Gericht hier nichts lesen zu können. Denn einen Kühnerhals dürfte es, außer in Siena, nirgendwo geben. Es gibt ja nicht einmal einen Kühnersack.

Nein, es ist die Geschichte von Frau M. aus Berlin, die letztlich für die Existenz dieses Kapitels verantwortlich ist. Denn M. schrieb mir, im Prospekt für den Atlantikpark im norwegischen Ålesund heiße es: »14.30 werden die Pinguine von einem Smokingbekleideten serviert.«

Gibt es das irgendwo sonst auf der Welt: dass man in einem Zoo die Pinguine essen darf?

# Cala Marie Ring's – oder: Die Vielfalt der Fischküche

Zu meinen Lieblingsleserbriefen gehört die Zuschrift von Leserin R., deren Weg ins Büro in Zeiten, als es die DDR noch gab, an einem der wenigen privaten Tante-Emma-Läden vorbeiführte. Sie schreibt: »Eine ältere Dame führte selbstbewusst und trotzig mitten im sozialistischen Alltag ihr Geschäft so erfolgreich wie nur möglich. Ihre Waren, vorwiegend Lebensmittel, pries sie mit energischer Handschrift in Kreide auf schwarzen Tafeln an, vorwiegend Sauerkraut, saure Gurken, frisches Weißkraut usw.«

Eines Tages habe auf einer dieser Tafeln gestanden: »Fisch in Dosen aller Art«. R. schreibt, sie wisse nicht, ob nun »Fisch aller Art in Dosen« gemeint gewesen sei oder »es nicht doch eine ganz gewitzte Anspielung auf die damals allzeit gegenwärtige Makrele (auch DDR-Volksfisch genannt) war, denn nur die und immer wieder die gab es nicht nur in Dosen, sondern auch in Soßen aller Art! Die damals allmächtigen Sicherheitsleute haben es bestimmt so nicht gelesen und verstanden.«

Das Schild und die Sprache darauf als subversive und auch äußerst subtile Mittel des Widerstands – ist das nicht wunderbar?

Aber mit welcher Vielfalt von Fischen aller Art, überhaupt von Tieren des Meeres, haben wir es heutzutage zu tun, im Gegensatz zu den alten DDR-Zeiten! Es ist, wie wir hier feststellen dürfen, nicht allein die Kunst der Köche, welche auch die banalsten Allerweltsfische veredelt; es ist vor allem die Sprache, die ganz gewöhnliche und uns allen nur zu gut bekannte Meerestiere in etwas ganz und gar Neues verwandelt.

Nehmen wir die Calamari. Wer kennt die Calamari nicht?! In Deutschland werden sie uns gern als panierte Ringe serviert, aber im Ausland …?

In Kroatien zum Beispiel wird oft daran erinnert, dass die Tiere offenbar nach einer Dame benannt sind, Marie oder Mary: So entdeckte Frau B. sie dort in Crikvenica auf der Karte als »Calamary«, Leser B. aus Berlin hingegen in Makarska als »Cala Marie Ring's«, also ganz überraschend mit einem zarten Apostroph gewürzt, wie man es heutzutage häufig bekommt (gelegentlich zum Beispiel in Österreich beim »Apre's Ski«), allerding's bisher nie bei Cala Marie.

Von Kroatien über die See hinüber auf die andere Seite des Adriatischen Meeres: Frau A. aus Bielefeld las auf einer Karte in Rimini von »Aufsteckspindeln der Kalmare und Garnelen«. Was sind Aufsteck-

spindeln? Ich erkundigte mich bei *Google* und fand das Angebot der Firma *Tianjin-König Carry Import und Export Trading Co.*, mit folgender Erklärung: »We können die Bambusaufsteckspindeln entsprechend customer's Anträgen liefern, die Formen können um sein, flach, quadratisch, können einzelne spitze, doppelte Punkte auch bilden sowie zwei flache Enden.« Sehen wir nicht die schöne Cala Marie vor uns, wie sie Tintenfische und Aufsteckspindeln zusammenfügt, wie sie aus einer Art Salzfass kleine Apostrophe darüberstreut, wie Cala Marie dann einzelne Spitzen bildet, auch doppelte Punkte, schließlich flache Enden?

Ich gab »Cala Marie Aufsteckspindel« bei *Google* ein – und was kam? Die Wikipedia-Seite von Maria Callas! Wie seltsam, wie überaus seltsam …

Und dann schickt Leser L. aus dem Restaurant *La Pergola* in Castiglione Della Pescaia/Toskana auch noch »Oktopus im Gefängnis«, gefunden unter den Vorspeisen, übrigens auf der Karte verzeichnet zwischen dem »Salat warmes Meer« und einem »Schwertfisch Carpaccio mit Rakete«, eine Trilogie von Gerichten, die auf eine unnachahmbare und ja auch unnachahmliche Weise auf die Problematik der Klimaveränderung und ihre Folgen für die Weltmeere hinweist: wie sich die Meere erhitzen, wie die Tiere in diesen erwärmten Meeren wie in einem Gefängnis sitzen und wie sie sich vielleicht doch eines Tages gegen uns Menschen erheben werden, bewaffnet mit dem Schlimmsten: Schwertfische mit Raketen.

Weiter in unserem Thema: Wasserwesen – und wie sie uns auf ganz neue Art entgegenschwimmen. Leser P. aus Debring wünscht guten Appetit bei »Garnele dreist aufgekocht« aus einem Fischrestaurant in Barcelona. Ebenfalls in Barcelona, im Restaurant *Tobogan*, fand Frau K. schon vor vielen Jahren »Salm betrunken«, aber auch »Operette Fisch-eckig«.

Ah, dieses Spielerische ist es doch, was wir lieben! Dreiste Garnelen, betrunkene Salme, eckige Fische.

Und wie rührt es uns an, wenn Herr H. aus Oberursel aus einem Thai-Restaurant von einem »Fischfilet knusprig friert« berichtet?! War nicht gerade vom warmen Meer die Rede? Und dieses Fischfilet friert nun, obwohl es eben noch in die Knusprigkeit hinein frittiert wurde? Ist ihm beim Servieren schon wieder zu kühl? Oder zittert es vielleicht vor Angst, sich fürchtend vor den Zähnen meines Lesers H.?

Wie großartig ist es, wenn man einmal nicht die doch in jedem zweiten ambitionierten Fisch-Restaurant auf den Tisch gelangenden »Lottebäckchen« essen muss! Sondern einen herzhaften »Kabeljaunacken in grüner Soße« wie im *Restaurante Santiago Dos* in Santiago de Compostela, wo es auch »Fischen Sie Kröte mit Kammmuscheln« gibt, wie mir Leserin H. mit einem Foto beweisen konnte.

Wie schätzen wir es, wenn man uns, wie auf der Karte des uns hier bereits bekannten *Quality Inn* in Williams/Arizona, »Frisches Filet des zur Vollkommenheit versengten Heilbutts« anbietet! Wobei einen einerseits besonders die Vollkommenheit der Versengung interessiert, andererseits auch die Tatsache, dass versengen mit g geschrieben wird, nicht mit k. Versenken kann ja jeder von uns einen Heilbutt, das Tier wird dieses Versenktwerden sogar sehr begrüßen. Aber versengen …?! Ergänzend bietet man uns hier »Riesige Garnelen gekocht zu Ihrer Zuneigung«.

Und wie freuen wir uns, wenn Leser Z. aus dem schon erwähnten *Hotel Gran Buhia Principe* in der Dominikanischen Republik berichtet, dort gebe es »Fetuccini mit Seetüchtigem Camarones Estilo«, also Garnelen, deren Seetüchtigkeit noch betont wird. Die also nicht in irgendeinem Aquarium des Binnenlandes gelebt haben, sondern wirklich auf hoher, um nicht zu sagen: höchster See.

Und wie unglaublich ist, was Frau B. aus München schickt, ihre Mutter brachte ihr diese Karte aus England mit. Ein Gericht mit dem Titel »Hauptleitung strömt« wird dort wie folgt beschrieben: »Heim hat Fischfrikadelle gemacht, die mit klumpigen Spänen gedient worden ist, es tauchen angekleidete Salate und Knoblauch ein«.

Am gewagtesten von allen Kreationen aber ist doch wohl diese hier, von meinem Münchner Leser F. aus Andalusien mitgebracht: »Mit Thunfisch gerösteter Pfeffer«. Man würzt also nicht den Thunfisch mit Pfeffer, sondern den Pfeffer mit Thunfisch! Auf Spanisch heißt das *Pimientos asados con atún*, das bedeutet eigentlich »Gegrillte Paprika mit Thunfisch«, denn *pimiento* ist die Paprika – *pimienta* aber der Pfeffer. Wir sehen, erstens: Immer noch wird überall auf der Welt die Bedeutung des einzelnen Buchstabens unterschätzt. Zweitens: Das Gericht kostet zehn Euro, was für ein bisschen gewürzten Pfeffer doch recht happig ist, nicht wahr? Wir erkennen also auch: Hier ist nicht nur der Pfeffer gethunfischt, sondern auch der Preis gepfeffert. Oder gesalzen.

# Kleine HaHachen – oder: Die sieben geheimnisvollsten Gerichte mit Meerestieren

Hier kommen nun die sieben rätselhaftesten Gerichte aus aller Welt, sieben Mysterien der Fischküche und ihre Entschlüsselung.

*Erstens:* Ratlos findet sich der Reisende seit Jahrhunderten in der Fremde, der Landessprache nicht mächtig. Das Seltsame ist nur, dass der Versuch, ihm mit einer übersetzten Speisekarte zur Seite zu stehen, nichts nützt, im Gegenteil, er muss sich nun mithilfe komplizierter Rückübersetzungen helfen. Leser B. entdeckte in der Nähe des Bahnhofs von Metz/Frankreich das Gericht »Sockel des Sünders«, begann im *Dictionnaire* zu blättern und fand, dass »Sockel« auf Französisch *assiette* heißt, was auch »Teller« bedeutet, und der »Sünder« ein *pécheur* ist, der *pêcheur* aber ein »Fischer«. Der »Sockel des Sünders« ist also: ein Fischteller.

*Zweitens:* Im wiederholt zitierten Cancale mit seinem Prachtstück von Speisekarte bot man unter den Fischgerichten »Straßendecke von Steinköhler« an, ein *pavé de lieu jaune*, wobei *pavé* einerseits Schinken, andererseits Straßendecke bedeutet und der *lieu jaune* ein Fisch namens Steinköhler ist, er entstammt der Familie der Dorsche.

*Drittens:* Jetzt (wir sind immer noch in Cancale) wollen wir uns einfach dem Deutschen und dem Essen hingeben, nämlich bei »Faser(Netz) von Bar in sie wurde, von Kartoffeln in Olivenöl erdrückt, Saft im Rosmarin abgefragt« zum Beispiel. Was für eine unglaublich sanfte *cuisine*! Mit *Bar* ist der Barsch gemeint, ein Wolfsbarsch, der offensichtlich – sprachlich ist das nicht sehr klar – in einem aus Fasern bestehenden Netz gefangen wurde, um dann nicht etwa mit einem Knüppel erschlagen, sondern »von Kartoffeln in Olivenöl erdrückt« zu werden. Wir kennen eine Variante dieser sanften Tötungsart ja schon aus dem Schweinefleisch-Kapitel. Ist das nicht für einen Gourmet, als ersöffe er in bestem Chianti? Und dann wird »Saft im Rosmarin abgefragt«, also hat man nicht etwa den Rosmarin grob mitgekocht, sondern die in ihm enthaltenen Würzstoffe sehr vorsichtig und zart »abgefragt«. Welcher Koch geht heute mit solcher Behutsamkeit vor?

*Viertens:* Noch ein weiteres Gericht aus dem Meer serviert man uns in Cancale: »Heiliger gerechter Jacques gebraten, Pfannkuchen von Brokkolien, Sprossen von Spinat und Benzin(Wesenheit) von Rübe«. Pfannkuchen von Brokkolien, ah!, wer hätte je von diesem

Lande Brokkolien gehört geschweige denn Pfannkuchen von dort gegessen? Und »Benzin(Wesenheit) von Rübe« – das hat gewiss damit zu tun, dass im Französischen eine *essence* serviert werden sollte, eine »Essenz« also. Aber im Deutschen ist die *essence* nun mal sowohl »Benzin« als auch eine Wesenheit als auch eine »Essenz«. Und mit derselben Zartheit, mit der vorhin noch ein Barsch erdrückt wurde, weist man uns hier darauf hin, dass aus Rüben kaum wirklich Benzin zu gewinnen ist, ja, dass wir schon bald fast gar kein Benzin mehr haben werden oder nur noch in quasi homöopathischen Dosen, dass wir also in naher Zukunft Benzin als etwas in ätherischster Weise Nichtvorhandenes betrachten müssen. Als eine Wesenheit.

Bisschen umständlich ausgedrückt das alles, aber doch sehr schön.

*Fünftens:* Leserin S. ist viel in Spanien unterwegs, so viel, dass sie gar nicht mehr weiß, wo sie die Karte fand, die sie für mich fotografierte. Sie ist aber auch zu schön, es gibt zum Beispiel »Gebratenes Grosse Bohrungen«, ja, sogar »Essig-Grosse Bohrungen«.

Ich habe keine Ahnung, was eine solche Bohrung ist und wie man sie essen könnte, es handelt sich um ein Gericht mit Meerestieren, das ist klar, aber welche sind gemeint? Die Bohrung ist ein Nichts, ein Loch, wie soll man es verzehren? Bekommt man einen leeren Teller? Ist es eine Diätspeise? Weist vielleicht das Wort »Essig« auf eine Lösung dieser Fragen hin, denn im Meer wird ja nach Öl gebohrt, warum also nicht auch nach Essig?

Wer sich näher für dieses Thema interessiert, dem empfehle ich eine Reise nach Slowenien, dort war Leserin S. in einem Sporthotel zu Besuch, auf dessen Restaurant-Karte »Spaghetti, Gnocchi, Bandnudel, Bohrgeräte« verzeichnet waren. Für größere Vorhaben sollte man indes ins *Holiday Inn Restaurant* in Fresno fahren, dort gibt es »Garnele mit 4 Tunnel-bohrwagen gedient mit unserer tangy Cocktailsoße«.

*Sechstens:* »Kleine HaHachen« – dieses Gericht gebe es in einem Lissaboner Fischlokal, schreibt Herr M., es habe sich um gegrillte Gambas gehandelt. Weiß der Himmel, wie der Weg von den Gambas zu den kleinen HaHachen verlaufen ist, es ist auch egal. Ein kleines HaHachen zwischendurch kann im Leben nie schaden, ebenso wenig wie eine »Lachscheibe vom Grill auf Salzkartoffeln«, die es in Riva am Gardasee gibt, wie Lehrerin B. schreibt, die dort mit ihren Schülern auf Abiturfahrt war, oder »Bandnudeln mit Lachstreifen und Tomatensauce«, welche Frau F. aus Solingen auf Borkum fand.

*Siebtens:* »Carpaccio vom Schwertfisch mit Geldstrafen Kräutern«, gefunden von Herrn G. aus Hamburg in einem der besten Restaurants Veronas, gleich bei der Arena. Natürlich fragte sich G. als Jurist sogleich, ob dieser Schwertfisch etwa ein Richtschwert trug. Man könnte ihn sich natürlich auch als Justitia vorstellen, mit einer Binde über den Augen, das Schwert bereit zum Richten. Aber letztlich sei es doch einfach so gewesen, sagt G., dass dieser Schwertfisch auf Italienisch *all'erbe fine* zubereitet wurde, mit feinen Kräutern. Das hat man dann ins Englische übersetzt, wobei dem *fine* plötzlich ein *s* hinzugefügt wurde, *with fines herbes* hieß es. Auch schon ein bisschen falsch. Und weil *fine* im Englischen nun eben auch »Geldstrafe« bedeutet …

Geschmeckt habe es ihm trotzdem, schreibt G., »als Rechtsanwalt wollte ich schon immer essbare Geldstrafen kennenlernen«.

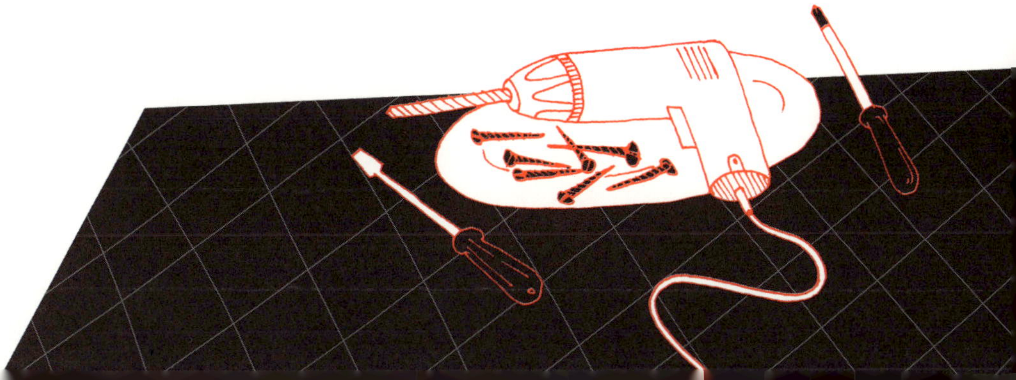

## Gebacken Hackefleisch – oder: Vom Essen und Gegessenwerden

Leserin T. aus Hannover aß vor vielen Jahren einmal in einem Restaurant in Monschau bei Aachen und entdeckte dort auf der Karte neben Kassler, Eisbein und Wildschweinragout auch »Gordon bleu«, was sie ein wenig an Loriots berühmten »Jäger im Reisrand« erinnerte. Dieser Gordon wurde allerdings mit Kroketten und Salat serviert.

Ist es unter diesen Umständen ein Wunder, dass die meisten Gordons heute in England und Amerika leben? Der Name Gordon kommt in Deutschland kaum vor, wahrscheinlich sind hier bei uns alle Gordons längst aufgefressen worden.

Ich dachte bei der Erwähnung dieses Gordons allerdings auch an einen Brief, den ich von Frau B. aus Berlin bekam, die, als ihre zwölfjährige Nichte Nina sie besuchte, nach Jahrzehnten einmal wieder die alten Platten ihrer Jugendzeit auflegte, darunter *What A Difference A Day Makes*, gesungen von Esther Phillips. In diesem Lied gibt es die

Zeile *It's Heaven, when you find romance on your menu*, aber Nichte Nina sang: *It's heavy when you find Roman on your menu.*

Was insofern witzig war, als Frau B.s Lebensgefährte Roman mit Vornamen heißt. »Die Vorstellung, ihn etwa wie ein Spanferkel mit Äpfelchen im Mund serviert zu bekommen, hat mich lange geschüttelt vor Lachen«, schreibt sie. Roman dürfte die Idee und vor allem deren Umsetzung nicht ganz so witzig finden, zumal sich auf der Karte des Restaurants *Comidas Latitud Caseras* in Porto Christo auf Mallorca auch noch ein Gericht namens »Roman und der Tintenfisch Salat« findet. (Apropos Roman: Klingt fast wie ein Roman-Titel, nicht wahr?, so à la *Emil und die Detektive* oder *Maigret und der Mann auf der Bank.*) Ganz zu schweigen von Gordon, der mit Schinken und Käse gefüllt gut paniert zwischen Kroketten liegt.

Wenn wir übrigens schon mal auf einem kleinen Ausflug in Wumbabas Welt sind: Vergessen wir nicht Familie G., in deren Haus oft und gern Peter Fox' schönes Lied *Haus am See* gehört wurde, darin die Zeile »Wir grillen, die Mamas kochen und wir saufen Schnaps«. Nur Mutter G. mochte das Lied nicht sehr, das lag aber daran, dass sie verstand: »Wir grillen die Mamas, kochen und wir saufen Schnaps.«

Was so ein Komma doch ausmacht, wenn es um den Speiseplan geht.

Aber was rede ich? Leser K. fotografierte in der Münchener Giselastraße vor einem Lokal ein Schild, auf dem es hieß: »Heute: Gebacken Hackefleisch mit Kartoffelen In tomaten Soß u. Basmati Reis«.

So schnell kann es gehen. Ich meide die Giselastraße.

Doch damit kann es nicht getan sein. Es ist bestürzend, wie oft wir den Menschen und seine Einzelteile als Gerichte auf internationalen Menükarten finden, ja, auch als Angebot in Metzgereien und Supermärkten.

Frau K. aus Augsburg zum Beispiel meldet, ihr sei ins Büro der Handzettel eines Lieferservice geschickt worden, auf dem »Kinder mit Tomatensoße und zwei Zutaten ihrer Wahl« offeriert wurden, wobei auch gleich der Durchmesser der angebotenen Kinder verzeichnet war, 20 Zentimeter nämlich, man fühlt sich ja fast an »Hänsel und Gretel« erinnert, aber wer ist hier die Hexe? Herr D. aus Berlin fand anlässlich einer längeren Radtour im Angebot einer Metzgerei in Torgau auf einer Schiefertafel vor dem Geschäft »Kinderfleischwurst«, eine Speise, deren Existenz man mit einer gewissen Bedrückung zur Kenntnis nimmt, wobei noch viel gruseliger ist, was mir Frau O. aus Salzburg von einer Nachspeise in Las Palmas auf Gran Canaria berichtete. »Kinder gefüllt Puppe« hieß die.

Las ich nicht selbst mal in Berlin bei einem türkischen Imbiss etwas von einem »Kinderdöner«? Und gar einem »Seniorendöner«? Pardon, ist der aus Gammelfleisch? Werden nicht im brandenburgischen Wendisch Rietz »Opa Willis Rippchen nach alter, traditioneller Art« angeboten? Und dann sandte mir Frau F. aus Kulmbach das Inserat einer dortigen Metzgerei, die in ihrem Bistro »Omas Saures Fleisch mit Baumwollnem Kloß« anbot.

Ob Oma ihren Beilagenkloß noch selbst gestrickt hat?

Jedenfalls wird das Alter des Fleisches hier nur noch überboten von einem Gericht, das Leserin B. aus Berlin im *U Fleku* in Prag mündlich empfohlen wurde: »Knedel mit Ramses«. (Na gut, na gut, es waren Knödel mit Rahmsoße.)

Übrigens kennen wir ja alle den Metzger-Schinken, ja sogar den Metzger-Hinterschinken. Das Bauern-Omelette ist uns so geläufig wie der Farmer-Salat. Auch saßen die meisten vor uns schon einmal vor einem Holzfäller-Steak.

Wer hätte aber je gedacht, dass uns der gute alte Holzfäller einmal in Bio-Qualität angeboten würde, wie Frau P. aus Heroldsberg weiß, denn sie sah in der Werbung eines Öko-Supermarkts »Bioholzfäller-Steaks«? Und wer hätte gewusst, dass auch andere Berufsgruppen sich zum Verzehr eignen, Juristen zum Beispiel? Herr R. aus Penzberg entdeckte sie vor mehr als dreißig Jahren in Sevilla unter den Vorspeisen, *Avocados fritos*, übersetzt »Gebratene Advocaten«. Auch das Ehepaar T. stieß einmal, im Elsass, auf einen »Rechtsanwalt cocktail«, der zwar im Französischen noch ein *Avocat cocktail de crevettes* war, auch im Englischen allerdings schon ein *Lawyer cocktail.*

Leser B. aus Konstanz steuert »Vom Fuss Schwein, Vinaigrette im Rechtsanwalt« aus einem Restaurant in Mittelbergheim/Elsass bei, das waren *Croustillant de pied au porc, Salade mesclun à l'huile avocat.*

In dem schon erwähnten Lokal in Las Palmas/Gran Canaria gab es übrigens neben »Russin Salat« auch »Paprikaschotten«, offenbar Touristen, die ihre Rechnung nicht bezahlen konnten oder wollten und deshalb selbst in der Küche landeten, bedauerlicherweise nicht als Abspüler, sondern als Nahrungsmittel. Ebenfalls interessant die Einsendung von Frau S. aus Berlin: »Erben mit Bauchspeck« aus Preila auf der Kurischen Nehrung. Haben hier Menschen ein schönes Erbteil so rücksichtslos verfressen, dass man sie schließlich selbst für schlachtreif hielt?

Nun wissen wir von den Tieren auf unseren Tellern, dass sie in der Regel nicht zur Gänze von uns verspeist werden, sondern nur in ihren besten Teilen. Wie ist das im modernen internationalen Kannibalismus? Welche Körperpartien des Menschen eignen sich gut zum Verzehr, welche weniger?

Hier ist erstaunlicherweise das Knie zu nennen, nicht gerade der fleischreichste Part des Menschen, aber doch erstaunlich oft auf den Speisekarten draußen in der Welt vertreten. Oder müssen wir »Knie« als eine Art Synonym für »Haxe« verstehen?

Jedenfalls steht im Restaurant *Vinaren Peklo* in Jasna/Slowakei »Geräuchtes gebratenes Knie« auf dem Menü-Plan, und aus einem Hotel in Klasterec im benachbarten Tschechien berichtet Leser B. aus Freiberg von »Gegrilltes Knie«.

Heikler wird die Angelegenheit, wenden wir uns der menschlichen Körpermitte zu. Frau J. unterrichtete mich, im *Hotel Valverde* in Cesenatico habe es »Anglerschwanz« auf der Karte gegeben; es habe sich jedoch, so J., eindeutig um *anguilla* gehandelt, also Aal. Was aber bedeutet es, wenn eines der Hauptgerichte in einem Lokal in Carnac in der Bretagne »Das Ding des Chefs« ist, wie Herr R. aus Mammendorf mitteilt? Es muss die Tageskarte gewesen sein, immerhin handelt es sich hier um einen offensichtlich nicht nachwachsenden Rohstoff: Was also hat den Wirt veranlasst …? Leider war Herr R. nicht bereit zur Bestellung und ließ sich eine doch wahrscheinlich ganz und gar einmalige Gelegenheit entgehen.

Und wenn wir schon mal dabei sind: Aus Spanien erreichte mich eine Karte, auf der die Gerichte nummeriert waren und in folgender Reihung auftraten: »75 Espaguetti, 76 Ravioli, 77 Penis, 78 Schwarze Paste, 79 Lasagne.« Natürlich hat hier der Speisekartenverfasser zunächst das italienische Wort *penne* vor sich gehabt, beim Übersetzen aber ein n weggelassen, worauf das Wort nur noch *pene* hieß. *El pene* aber ist im Spanischen »der Penis«, nicht zu verwechseln mit *el pájaro*, »der Schniedelwutz«.

So weit unser kleiner Spanischkurs.

Nun zum Rumänischen: Dort gibt es das Wort *mușchi*, welches bitte »muschki« ausgesprochen wird und »Filet« bedeutet, weshalb das Gericht »Gegrillte Muschi« auf der Karte des Hotels *Melody* in Cluj-Napoca/Rumänien bittebittebitte auch als »Gegrilltes Filet« zu verstehen ist.

Der »Tittenfisch«, den Herr H./München aus Istrien mitbrachte, ist hingegen nur ein Schreibfehler.

Übrigens gab es dort auch »Melanom mit Schnikken«. Leute, die zu lange in der Sonne waren und gut gebraten vom Strand kommen, landen wohl gleich auf dem Teller.

Und was ist – hier wird es nun unfassbar! – mit dem »Scheidenfischfilet mit Banana und Leidenschaftfruchtsosse«, das Herr M. und Frau W. aus Erlangen einmal in ihrem Hotel in Funchal auf Madeira bestellten? Dazu ist zu sagen, dass es sich hier um einen Fisch namens *Espada* oder *Scabbard Fish* handelt, der in den Gewässern um Madeira häufig vorkommt, gern geangelt und noch lieber gegessen wird, zu Deutsch heißt das Tier »Degenfisch« und, da der Degen auch eine Scheide braucht, manchmal »Degenscheidenfisch«.

Die »Leidenschaftfruchtsosse« wird natürlich aus der Passionsfrucht gemacht.

Nicht erklären kann ich, was alles in der »Fenchel-Organsuppe« gesteckt haben mag, die Leserin E. einmal in der Kantine ihres Münchner Arbeitgebers entdeckte. Dafür weiß ich, wie es kam, dass Frau S. aus München auf der Isla Margarita in Venezuela »Zahnstein sosse« entdeckte. Es muss *Sauce de tartare* gewesen sein, der man ein a genommen hatte, sodass sie *Sauce de tartre* geworden war – und *tartre* heißt nun mal »Zahnstein«. Alles andere würde ja auch bedeuten, dass man im venezolanischen Tourismus Reisende wirklich bis aufs Letzte auskocht.

Übrigens fand Frau S. im selben Lokal bei einem zweiten Aufenthalt *sweet donuts* auf dem Büffett, das waren dann auf Deutsch »Liebe Berliner«. Falls Sie also ein »lieber Berliner« sein sollten (und noch dazu Zahnstein haben): Meiden Sie vorsichtshalber Venezuela!

Ich schließe dieses Kapitel mit einem Satz, den jemand am Schluss des Angebots eines Catering-Service entdeckte: »Sollten Sie noch weitere Fragen haben, wir braten Sie gerne.« Dazu passt der Name eines Gerichts auf der Karte des Restaurants *Comidas Latitud Caseras* in Porto Christo auf Mallorca: »Allein auf dem Grill mit Kartoffeln und Salat«.

Gibt es eine größere, schlimmere Form der Einsamkeit?

Und dazu wieder passt das Schild, das die Schwester meiner lieben Bekannten H. im Hotel *San Michele* in Verona entdeckte, im Fahrstuhl: »Sagen Sie bitte Bescheid, wenn Sie verbrannt riechen.«

PS: Passen Sie übrigens beim Lebensmitteleinkauf immer gut auf Ihre Kinder auf, Sie haben ja nun gelesen, was passieren kann. Leserin K. hörte mal in einem Supermarkt die Durchsage: »Adriana sucht ihre Mutti. Sie kann bei der Tiefkühlzone abgeholt werden.«

# Mistsalat – oder: Ein vegetarisches Angebot

Der rein vegetarischen Gerichte, mit denen ich hier aufwarten kann, sind es nicht sehr viele, das liegt wohl daran, dass die Fleischverachtung außerhalb Deutschlands noch weit weniger verbreitet ist als bei uns.

Wie mühsam das Leben für den Vegetarier immer noch ist, zeigt sich zum Beispiel im portugiesischen Ort Amarcao de Pêra an der Algarve, wo Leserin S. vor Jahren »Mistsalat« entdeckte – und zwar auf der Speisekarte.

Aus dem Restaurant *La Cascina* des Hotels *Villa Cappugi* in der toskanischen Stadt Pistoia brachte mir Frau K. aus Pfaffenhofen ein Gericht namens »Verbeult von gemuse in sube von kase« mit. Man stellt sich hier zunächst einmal einen Koch vor, der anscheinend so voller Hass auf Vegetarier ist, dass er besinnungslos vor Wut aufs Gemüse einschlägt, sodass es komplett demoliert auf dem Teller erscheint.

Zur Ehrenrettung des *La Cascina* muss allerdings gesagt werden: Es handelt sich hier um einen *Sformatino alle verdure in salsa di formaggi*, und ein *Sformatino* ist in der italienischen Küche immer eine Art Küchlein, in der Form gegart, in diesem Fall aus Gemüse bestehend. *Sformare* ist aber auch ein Verb, es bedeutet »deformieren« oder »verbeulen«.

Etwas, das *sformato* ist, ist also verbeult, *sformatino* wäre die Verkleinerungsform. (*Il tavolo* ist zum Beispiel der Tisch, *il tavolino* das Tischchen.)

Vielleicht ist das Gemüse in Pistoia also nur ein bisschen verbeult.

Anderswo, in Dublin nämlich (und dort im *Finnstown Country House Hotel*, dem Geburtsort Oberst von Huhns), müssen die Vegetarier selbst in der Küche tätig werden – und wie lieblos nennt man dann das von ihnen zubereitete Gericht: »Vegetarier hat Aubergine mit gewürztem Reis und Gemüse, Tomate und Basilikumssoße, Mozzarellakäse Vollgestopft«. Im schon erwähnten *Quality Inn* des *Mountain Ranch Resorts* in Williams/Arizona gab es übrigens bis vor drei Jahren auch Mozzarella, indes in folgender Ausführung: »Mozzarella-Käse schlug wiederholt und briet tief«, eine Formulierung, die unwillkürlich an die Betragens-Abteilung von Schulzeugnissen erinnert, nicht wahr? »Axel war wiederholt aggressiv gegen seine Kameraden und gliederte sich nicht in die Klassengemeinschaft ein.« So etwa.

Vermutlich ist der Mozzarella deshalb nicht mehr auf der Karte. Ist sitzen geblieben.

Herr F. aus München trieb im Süden Andalusiens »Salat mit frischä« auf, das wäre ja schon mal was, auch gab es »Tapfere Kartoffeln«, die sich im Angesicht eines Vegetariermundes mutig dem Tode stellten, schließlich – und dies ist schon der Höhepunkt unseres vegetarischen Angebotes – »Schriftrollen des Gemüses machten aus Atem-Geback«, eine rätselhafte Speise, bei der mich besonders der letzte Bindestrich irritiert. Wenn der nicht dastünde, wäre es ja so, dass die Schriftrollen des Gemüses aus Atem Geback oder vielleicht sogar Gebäck machen würden, immer noch ein sehr spezieller und bisher unbekannter Vorgang, aber immerhin. Doch so …? Woraus ist das Atem-Geback gemacht? Ich weiß es nicht.

Frau R. aus Köln schließlich weilte auf einem buddhistischen Seminar in Südfrankreich. Dort, so schreibt sie, habe es im Speisesaal Tische für Vegetarier und für Fleischesser gegeben, *einen* Tisch aber auch mit der Kennzeichnung *Flisch.* »Bis zum letzten Tag«, schreibt sie, »wurde nicht geklärt, wer dieser Aufschrift nach dort sitzen sollte. Waren das Fleisch- oder Fischesser? Oder sollte hier eine neue Kategorie entstanden sein, die sich jedoch noch nicht wirklich entscheiden konnte und damit nicht wusste, ob sie Fisch oder Fleisch sein wollte? Für unentschlossene Esser finde ich die Bezeichnung *Flisch* sehr hübsch. Bis zum Ende des Seminares hatten sich dann doch Vegetarier den Tisch erobert.«

Übrigens teilt mir Frau R. auch eine sehr nette Verhör-Geschichte aus den sechziger Jahren mit, als Thailands damaliger Prinz Bhumibol und seine Prinzessin Sirikit sehr häufig in der Klatschpresse Erwähnung fanden, eine Freundin R.s aber immer dachte, es handele sich um den Prinz Blumenkohl und die Prinzessin Igittigitt.

Irgendwie dachte ich, das würde noch ganz gut in dieses Kapitel passen.

# Ich spüre die Pizza kalt in mir – oder: Wir essen italienisch

Wie kaum zwei andere Sprachen sind das Deutsche und das Italienische einander in liebevoller Beziehung verbunden: Italienische Wirte zum Beispiel mögen noch so akzentfrei Deutsch sprechen, sobald sie in ihrem Lokal stehen, verfallen sie in eine Art Mischsprache, ein Deutschalienisch, sie grüßen italienisch, sie streuen in ihre deutschen Sätze immer wieder ein *buono* ein, und sie verwenden deutschalienische Verben wie zum Beispiel mackene. Mackene heißt »machen«, und es wird so konjugiert: i macke, du macke, er mackete, wir mackene, ihr mackete, sie mackene.

Seit längerer Zeit schon vermute ich, dass Kellner, die zu gut Deutsch sprechen, aber in solchen Restaurants arbeiten wollen, spezielle Sprachrückbildungskurse besuchen müssen, einen Deutschalienisch-Unterricht, des Lokalkolorits halber.

Der Deutsche seinerseits versucht, etwas von dem zurückzugeben, indem er probiert, Italienisch zu sprechen, was ihm nur selten gelingt. Andererseits stört ihn dieses Nichtgelingen nicht im Geringsten, er merkt ja nichts davon oder nur ausnahmsweise. In der Regel lebt er im wohligen Gefühl großer Weltläufigkeit weiter, wie zum Beispiel jener deutsche Gast einer kleinen Bar im Cilento (das ist eine landschaftlich sehr hübsche Region in Kampanien im Süden Italiens), von dem mir Frau R. aus Aßling berichtete. Der Herr sei von der Terrasse ins Lokal gekommen und habe laut »Skonto!« gerufen – statt *il conto*, wie der Italiener sagen würde. Ob er dann, wie verlangt, einen Preisnachlass bekommen habe, sei ihr, schreibt Frau R., aber nicht bekannt.

Das Interessante an Speisekarten in Italien ist nun, dass sie oft Dinge übersetzen, die gar nicht übersetzt werden müssten, weil aufgrund der erwähnten tiefen Zuneigung zwischen Deutschen und Italienern jeder Deutsche die italienischen Speisen kennt, um die es geht.

Spaghetti zum Beispiel.

Es dürfte keinen Deutschen geben, der Spaghetti nicht kennt, viele von uns wachsen mit Spaghetti auf, zwar leider nicht mit den unzählbaren Zubereitungsvarianten, in denen sie in Italien serviert werden – aber eben doch. Trotzdem tauchen Spaghetti in den deutschen Abteilungen italienischer Menülisten immer wieder als »Isolationsschläuche« auf: Leserin A. aus Bielefeld fand in Rimini »Isolationsschläuche zum carbonara«, Herr D. aus Traunwalchen reiste nach Mallorca, um dort in einem chinesischen (!) Restaurant »Isolationsschlauch« aufzufinden.

Ein zunächst unerklärliches Phänomen. Denn wer in einem Wörterbuch nachschlägt, wird in der Regel das Wort »Isolationsschlauch« auf der deutschen Seite gar nicht finden – und wenn er es doch findet, wird es nicht mit *spaghetti* (und auch nicht mit *spaghetto*, denn *spaghetti* ist ja ein Plural) übersetzt, sondern vielleicht mit *tubo di isolamento*. Und ein solcher *tubo* ist nicht essbar, auch nicht für Deutsche. Und schon gar nicht für Italiener.

Liegt der Grund in der Verwechslung mit *Maccheroni* oder *Bucatini*, mit Röhrennudeln also, die rein optisch eine gewisse Ähnlichkeit zum hohlen Isolationsschlauch haben?

Nein, so ist es nicht, dann müssten ja auch alle *Maccheroni-* oder *Bucatini*-Gerichte »Isolationsschlauch« heißen.

Der Grund ist weniger kompliziert, er hat mal wieder mit den erwähnten Computerprogrammen zu tun, bei denen es keine direkte Übersetzung vom Italienischen ins Deutsche gibt. Man kann eben dort nur vom Italienischen ins Englische übersetzen. Und dann vom Englischen weiter ins Deutsche.

Also: Spaghetti vom Italienischen ins Englische übersetzt heißt, nun ja, Spaghetti.

Im Englischen aber hat das Wort *spaghetti* noch eine zweite Bedeutung – und die lautet? Genau: Isolationsschlauch.

Bleibt die Frage, warum bei der Übersetzung vom Italienischen ins Englische diese Möglichkeit nicht genutzt wird. Warum kommt *Babelfish* hier nie zum Ergebnis *Electrical insulating tube*? Vielleicht weil Spaghetti auf Englisch nun einmal ein *Electrical insulating tube* ist.

Die weitere Frage, warum sich ein Computersystem, wenn ihm zwei Möglichkeiten für die Übersetzung offenstehen, gezielt für die falsche entscheidet, haben wir im Schweinefleisch-Kapitel schon behandelt: Das System überlegt sich offensichtlich stets beim Betrachten der Wörter, welches deutscher klingt oder aussieht. Da will es sich natürlich ganz klar für »Isolationsschlauch« entscheiden, ein in seiner ganzen Anmutung zutiefst deutsches Wort, ebenso wie, zum Beispiel, Füllhalter.

Was sind »Füllhalter in unserer Leitung«, gefunden von Frau B. aus Berlin in Italien? Es muss sich um die Nudelart *Penne* handeln. *Penne* bedeutet sowohl »Füllhalter« (im Plural, der Singular ist *penna*), als auch, nun ja, Penne. Aber »in unserer Leitung«? Dazu muss man wissen, dass der Wirt in diesem Fall ausnahmsweise zuerst vom Italienischen ins Französische oder eine dem Französischen ähnliche Sprache übersetzt hat, also *Penne a modo nostro* (Penne nach unserer Art) zu *Stylos à notre direction*. Was dann vom Französischen ins Deutsche übertragen (da *direction* auch »Leitung« heißt) die erwähnte Speise ergibt.

Auf Englisch nennt der Dichter das Gericht übrigens *Way our pens*.

Es führen also viele Wege ins Falsche.

Und es ist auch nicht alles erklärlich, Gott sei Dank. Im Grunde ist das Unerklärliche das Schönste.

»Gegüllte Riesenravioli« zum Beispiel, entdeckt von Herrn A. aus Stuttgart in der Nähe seines Wohnortes.

»Rigatoni mit Puttenfleischstreifen Champignon- sahen .sause«, von Leserin S. aus München aufgestöbert im (allerdings griechischen)

Restaurant *Meteora* in Leiblfing. Puttenfleischstreifen? Wir kannten doch die Putten immer als kleine, spärlich bekleidete Barockengel. Wie entsetzlich grausam, ihr Fleisch in Streifen zu schneiden und zu essen! Und dann auch noch in »Champignon- sahen .sause«.

»Spaghetti mit Flusskrssehwanze und Zucchini«, wie sie mein Freund F. im *La tazza d'oro*, einem sehr netten Münchner Italiener fand. Was ein »Flusskrs« ist, kann man sich ja noch denken, was aber mag eine »Sehwanze« sein? Ich gab das probehalber mal bei *Google* ein und landete bei einem Aufsatz namens »Ueber automatische Bewegungen bei enthaupteten Enten (Vorläufige Mittheilung)« von Prof. J. Tarchanoff in St. Petersburg, ein alter Text in einer alten Schrift, in der das c sehr unserem e ähnelt, sodass man (über Enten, denen man das Rückenmark durchtrennt hatte) zu lesen meint: »Eine dergleichen Ente macht von Zeit zu Zeit bestimmte Bewegungen mit ihrem Sehwanze …«

Immerhin klingt all das noch nach Essen, nicht wahr? Nun aber betreten wir die nächste Stufe der Speisesprache in ihrer deutschalienischen Variante. Hier ist nicht mehr erkennbar, dass wir es mit Verzehrbarem zu tun haben.

»Zeichnet Ihnen das Werfen« zum Beispiel, eingesandt von Frau H. aus Berlin, mitgebracht aus Italien. Oder: »Du raubst übergesprungen« – Herr von D. aus Wiesbaden fand es in einem Lokal in Lucca. Schließlich einfach »Hose«, Frau V. aus München kopierte sich vor Jahren eine italienische Karte, auf der dies stand.

Sprachwächter wird dies alles schwer erregen, vermute ich. Ihnen rate ich zu einer ihrer Gemütslage angepassten Speise wie »wütendes Mudelgericht«, das mir Herr D. aus Hamburg schickte, er fand es in Colle di Val d'Elsa in der Nähe von Siena, alternativ auch zu »Tomatensauce und Basilikum, Knoblauch und Öl, Carbonara, wütend«, das Leser L. auf der Karte des *La Pergola* in Castiglione Della Pescaia in der Toskana sah. Möglich drittens: »Motzarella«, dies auf einer Karte, die in Kopie hier vor mir liegt. Aber woher ich sie habe, weiß ich nicht mehr.

Leser K. erzählte mir nach einer Lesung in Leipzig die Geschichte seines Sohnes August. Der rezitierte den Song *Ich bin stark* von Gitte Haenning immer so: »Und ich spür wie nie zuvor die Pizza kalt in mir«. Es heißt aber in Wahrheit: »Und ich fühl wie nie zuvor die Bitterkeit in mir«.

## Eisenbahngericht – oder: Ein Besuch in Frankreich

Übrigens muss natürlich, wer schöne Speise-Namen haben will, nicht unbedingt auf Speisekarten aus aller Welt warten. Man kann ja auch daheim selbst tätig werden.

Dazu ein Brief von Frau S. aus Olching. Dort gibt es einen Sohn, der sich eines Tages erkundigte, wann es denn mal wieder »Eisenbahngericht« zu Mittag gebe. Seitdem gibt es bei den S. nie mehr *Ratatouille*. Nur noch Eisenbahngericht.

Das Interessante ist nun, dass die französischen Menülisten, die mir vorliegen, oft einen so seltsamen Hang ins Technische haben, dass einem die Übersetzung »Eisenbahngericht« für *Ratatouille* gar nicht mehr abwegig vorkommt.

Beginnen wir mit dem *Le Petrin* in Annecy. Leserin H. war für uns dort und berichtet, es habe als Nachspeise dort sowohl »Fräser in Chantilly« als auch »Fräser am Zucker« gegeben. Wer nun nicht weiß, was ein »Fräser« ist, der kann wiederum im Lexikon nachsehen und lernen, dass es sich um einen Zerspanungsmechaniker handelt, der mit rotierenden Werkzeugen zur Material abtragenden Bearbeitung von Werkstoffen umgeht. Und kann sich gleich vorstellen, wie so ein Fräser mit seiner kreischenden Fräse am Würfelzucker Material abträgt, fräs-fräs-fräs.

Faszinierend: das französische *fraise* heißt auf deutsch einerseits »Erdbeere«, andererseits nun eben »Fräser«. Hier fragt man sich nun doch, wie es kommt, dass bei solchen Übersetzungen wirklich immerimmerimmer von beiden zur Verfügung stehenden Möglichkeiten die falsche genommen wird. Es könnte doch auch *einmal* die richtige sein. Passiert aber nie. Nie.

Nie.

Wenn wir nun schon mal beim Fräsen sind und bei der Eisenbahn: Ein Gericht, das auf Speisekarten in Frankreich sehr häufig auftaucht, heißt »Radhemmungen«.

Leser R. aus Mammendorf fand es in einer vorzüglichen kleinen Creperie bei Carnac in der Bretagne, zusammen mit »Ziegenkäse an den drei Parfüms«, Frau L. stöberte im schon erwähnten Saintes Marie de la Mer unter der Rubrik »Das kg formen in allen so ben ländlichen« das Gericht »Topf formen bildet fraiche,radhemmungen,säfte,knoblauch (paysanne)« auf. Und auch im *Le Petrin* gab es »Radhemmungen mit speziellem Käse«.

Radhemmungen – was für eine gewagte Kreation! Man spürt Ma-

schinenöl und Bremsbelag am Gaumen, auch denkt man an Gerichte wie »Ich schneide ein Gewinde zum Balsam Essig«, dass Herrn von D. einst in Lucca auffiel. Es handelte sich um ein *Filetto all'aceto balsamico*. Wie das zustande kommt und was es mit dem Verbum *filettare* zu tun hat, haben wir ja schon weiter vorne erörtert.

Schließlich fällt mir die wunderbare Nachspeise »Walnuß-Honig-Creme im Mandelkörbchen und Chassisschaum« ein, von Frau K. aus Fürstenstein eingesandt, entdeckt im dortigen lokalen Mitteilungsblatt, auch die »Schokoladen Muffen«, die ich selbst einmal auf *kochrezepte.de* sah.

Aber man bleibt doch auch ratlos, mit diesen Baumarkt- und Werkstatt-Aromen im Mund.

Radhemmungen.

Das französische Wort, das hier so interessant übersetzt wurde, heißt *lardons*, zu Deutsch »Speckwürfel«. Oder eben auch »Radhemmungen«? In keinem der gängigen Lexika findet sich eine entsprechende Übersetzung, wie kommt also dieses Wort zustande? Was überhaupt ist eine Radhemmung?

Als ich diese Speise vor vielen Jahren zum ersten Mal in meiner damaligen Kolumne *Das Beste aus meinem Leben* erwähnte, führte das auf *leo.org,* der besten deutschen Übersetzungsseite, die es im Internet gibt, zu einer längeren Debatte, die auch weitgehend fruchtlos blieb, sehen wir mal davon ab, dass jemand von dem Gericht »Tomatensalat in Königseidechse« berichtete und fragte, was das in Wahrheit gewesen sein könnte.

Die Antwort kam bald: *Salade de tomates au basilic.*

In diesem Fall bedeutet *basilic* sowohl »Basilikum« als auch eben »Basilisk« – und der Basilisk ist einerseits eine Leguanart in Südamerika, andererseits ein mythisches Wesen, ein König der Schlangen. Hier gilt wieder die oben genannte Grundregel des Speisekartenübersetzens: Wenn du zwei Möglichkeiten hast, nimm die falsche!

Aber welches ist die falsche?

Das kannst du nicht wissen. Du solltest auf jeden Fall den Begriff nehmen, der am wenigsten nach Küche klingt.

Zurück zu den Radhemmungen. Die Antwort auf unsere Fragen, was Radhemmungen sind und wie sie auf französische Speisekarten gelangen könnten, finden wir auf der Internetseite *gutefrage.net*. Dort erkundigte sich jemand, warum das Übersetzungsprogramm *Babelfish* das französische Wort *lardons* mit »Radhemmungen« übersetzt. Ein halbes Jahr darauf (!) meldete sich jemand und schrieb: »Eine Rad- oder Uhren-Hemmung ist ein Begriff aus der Uhren-Industrie. Damit ist das Teil gemeint, das als erstes hinter der Unruh sitzt und das typische Tick-Tack-Geräusch der mechanischen Uhren erzeugt. Es sieht ähnlich einer Wippe aus, die bei jedem Dehnen und Zusammenziehen der Unruh-Feder in das nächste Zahnrad (Steigrad) hineinwippt und damit ein zu schnelles Ablaufen der unter Spannung stehenden Zahnräder bremst (hemmt). Inwieweit das jetzt mit Essen zu tun hat, entzieht sich meiner Kenntnis.«

So wusste ich nun wenigstens, was eine Radhemmung ist. Aber warum soll man sie essen?

Dazu erschien wiederum fünfzehn Monate darauf eine weitere Wortmeldung, deren Autor wiederum den *Petit Robert* zurate gezogen hatte, eines der meistverbreiteten französischen Wörterbücher, dem *Duden* vergleichbar. Dort werden vier Bedeutungen von *lardon* genannt, nämlich erstens ein Speckstreifen, zweitens die »Hemmung« in der Uhr, drittens ein Spott, viertens ein kleines Kind (vielleicht ein »Gör«, wie man im Deutschen sagen würde).

Wir sehen also, wie knapp wir den Gerichten »Spott mit Ziegenkäse an den drei Parfüms« und »Kleines Kind mit speziellem Käse« entgangen sind.

Zum anderen aber wollen wir jetzt ein weiteres Grundgesetz des Übersetzens von Speisekarten formulieren. Es lautet: Wenn du dazu ein Übersetzungsprogramm benutzt, vergiss nie, es falsch zu programmieren.

Versuchen wir es mal selbst. Wenn wir zum Beispiel ein Gericht mit *coulis de tomates* auf der Karte haben und diesen Begriff übersetzen möchten, was tun wir? Wir übersetzen zunächst *tomates*, das heißt, wie uns das Lexikon verrät, »Tomaten«, dann schlagen wir *coulis* nach. Ergebnis: »die Ausfugmasse, das Püree, der Fond«.

Klingt so, als wäre »Ausfugmasse« unser Wort.

Was sagt *Babelfish*?

Tomatenausfugmasse.

Yeah!

So geht das. Und auf der Karte, die Frau L. aus der Camargue mitbrachte, heißt es ja auch tatsächlich: »Topf Formen des Sünders fischsuppe, ausfugmasse von tomate, weibhan«.

»Weibhan«? Was ist nun wieder »Weibhan«?

Ich vermute, es handelt sich um »Weißwein«, der an anderer Stelle der Karte schon einmal als »Weibwein« auftaucht und von hier einfach falsch abgeschrieben wurde. Aber sicher bin ich nicht.

Das deutsche Wort »Weibhan« finde ich nicht im Lexikon. *Babelfish* sagt, es bedeute im Französischen *weibhan*. Im Englischen bedeutet es auch *weibhan*. Ich lasse das Wort einfach mal ins Chinesische übersetzen. Ergebnis: auch *weibhan*.

Weibhan ist also ein Wort, das es in allen Sprachen gibt, von dem wir aber nicht wissen, was es bedeutet.

Das Einzige, was wir jetzt noch tun könnten, wäre, in die Camargue zu fahren und »Topf Formen des Sünders fischsuppe, ausfugmasse von tomate, weibhan« zu essen.

Denn merke: Die Bedeutung einiger Wörter auf den Speisekarten der Welt lässt sich letztlich nur durch Bestellung klären.

# Wurmbrustkorb zu Lamm – oder: Kleiner Ausflug an spanische Herde

Was die spanische Küche und ihre Speisekarten angeht, so habe ich mit ihr eine spezielle Entwicklung durchgemacht. Schon die allerersten Texte, die Leser mir schickten, kamen ja aus Spanien, kein Wunder, der Deutsche hält sich nun mal gerne in Spanien auf. Und von Beginn an hatten diese aus dem Spanischen kommenden Wörter-Sammlungen etwas besonders Irr-Absurdes.

Wir haben ja schon an einigen Stellen dieses Buches gesehen, welche Mühe es machen kann, zu einem wirklich schön-falschen Übersetzungs-Ergebnis zu kommen. So was ergibt sich nicht einfach, es ist nicht die Folge einer kleinen Dummheit, sondern Ergebnis einer verschlungenen Fehlerkette. Und das ist eben das Besondere der spanischen Karten: Es gibt bei ihnen einen Punkt, an dem möchte man diese Fehlerkette nicht mehr kennen.

Man möchte nicht mehr wissen, warum etwas ist, wie es ist. Es soll einfach nur noch so sein. Damit wir es genießen können.

Was da auf den Karten Iberiens steht, soll, so beschloss ich, für mich am Ende nicht Ergebnis einer Sprachermittlung sein, sondern Ausgangspunkt für meine Fantasie.

In Spanien, und nur dort, bekommt man zum Beispiel nicht nur Zimmer mit fließend Warmwasser, sondern auch, wie es Herrn O. aus Erding im Restaurant *Comidas Latitud Caseras* in Porto Christo auf Mallorca widerfuhr, ein »Zimmer mit Pfeffer Steak und Kartoffeln« (ja, dann sogar ein »Zurück zur Pfeffer-Sauce mit Kartoffeln«). Ist das ein Zimmer, in dem man ein Pfeffer-Steak essen kann? Oder sollen wir (das alles steht ja auf der Speisekarte) zusammen mit dem Pfeffer-Steak auch das Zimmer verzehren?, ein zunächst seltsam anmutender Gedanke, der aber näher rückt, wenn man ein Schild aus dem *Hotel Salpi* auf Mallorca betrachtet, das Frau C. einsandte: »Sie sind verbothen aus den nahrungen des zu essenden saales herauszukommen … Dank«. Tja.

Unser Weg führt uns weiter in ein kleines, im Kapitel über vegetarische Speisen schon kurz erwähntes Lokal im Süden Andalusiens, wo es »Salat des gota Käses mit Riechfläschchen des Speckes und Wahnsinniger« gibt. Er bringt uns schließlich zu »Fischen Sie kröte mit pilzen und igeln« (unter der Überschrift »Von unsr Lacht«) im ebenfalls bereits zitierten *Restaurante Santiago Dos* in Santiago de Compostela. Und führt uns ins *Restaurante Tobogan* in Barcelona, ein offenbar viel besuchtes Lokal mit häufig variierter Karte, denn diese erhielt ich über die Zeit hinweg von vielen Lesern in vielen Variationen.

Hier nun gibt es »Wurmbrustkorb«. Aber was mag das sein? Der Brustkorb eines Wurmes, mit dem man Fische geangelt hat? Haben Würmer überhaupt Brüste, geschweige denn Brustkörbe? Und welcher Koch würde es wagen, Wurmbrustkorb mit Lamm zu kombinieren? Nun, es ist eben der Koch des *Tobogan*, und es gab hier Jahre, in denen das genannte Gericht auf der Karte, die ich erhielt, »Wurm Brustkorb zu Lamm« hieß, in anderen Zeiten hingegen nannte man es »Bruskorb von Lamm (Wurn)«.

Des Weiteren sind im *Restaurante Tobogan* erhältlich: »Saucischen Wuchtig Zu Schmuck«, »Gericht Sortiment« sowie »Küken zu Hummer«, wobei sich hier bei mir seltsamerweise nicht mehr die Assoziation einer Kombination von Küken und Hummer einstellte, sondern ich dachte an »Schwerter zu Pflugscharen«, quasi also an ein Umkochen von Rohstoffen. Kann es – wie man einerseits Schwerter eben zu Pflugscharen umschmiedet – möglich sein, durch einen Kochprozess aus Küken Hummer zu machen?

Die Lösung dieses Rätsel verbirgt sich offensichtlich in Barcelona.

Doch wir sind hier nicht am Ende unseres Weges durch Spanien und seine Küchen. Denn wir waren noch nicht im Restaurant *El Sidral de Eva* in Castelldefels, wohin mich Leser L. aus Oelsnitz führte. Hier erreichen wir tatsächlich den Höhepunkt des lukullischen Wahnsinns, ich gebe eine kleine Auswahl:

»Muscheln zur Bluse des Matrosen«

»Eier Schluß gemacht Kartoffeln«

»Gebratener Knauf«
»Innengetreide des Kalbfleisches«
»Innenkroketten des Schinkens«
»Lende des Thunfisches dem Eingeborenen von San Sebastian«
»Kleine zehnarmige Tintenfische zum folksong von Malaga«
»Vergoldet zum Ofen mit Kartoffeln«
»Kasserolle der Gefräßigkeiten zu von Bilbao eins«
»Grüner vollstandiger Salat mit getrockneten Früchten und Käse der Ziege«
»Stecker des Käses idiazabal«
»Stecker des Dorsches«.

Ja, es gibt sogar, und damit möchte ich schließen: »Ich eine Verwirrung des Dorsches, eine Verwirrung von Garnelen oder einer Verwirrung des Burgos Puddings«.

# Hänschen Marienhirte – oder: Ein Blick in die griechische Küche

Wenn wir von der griechischen Küche hören, kommen uns Tzatziki und Moussaka in den Sinn, auch Souvlaki und Bifteki, Lebensfreude, die Bekömmlichkeit guten Olivenöls und das sich daraus ergebende lange Leben. Aber natürlich können wir das Wort »Griechenland« auch nicht mehr denken, ohne die große Krise der vergangenen Jahre im Hinterkopf zu haben, von der das liebenswürdige und stolze Volk der Griechen geplagt wird. Und wie seltsam, dass mir ausgerechnet in den schlimmsten Zeiten jenes Desasters Leserin W. aus Köln einen Reiseführer der Halbinsel Kassandra schickte, in dem es hieß: »… werden Sie einheimische Leckereien genießen, die mit dem griechischen Kummer gekocht werden.«

Von dieser Zutat haben sie ja wirklich gerade reichlich dort unten.

Was aber sind nun die griechischen Leckereien? (Von der wunderbaren Speise »Zwiebel ruft an« erfuhren wir ja schon im Vorwort.)

Wir beginnen mit einer sehr schönen und schon etwas älteren

Karte aus der Altstadt von Rhodos, die ein Griechenlandkenner namens *theo48* auf seiner Internetseite *Theopedia* veröffentlichte. Sie beginnt mit »Lieblos Appetizer« beziehungsweise »Hitzig Appetizer« und führt uns schließlich über »Angsthase Suppe« zu einem Gericht namens »Angsthase in Backofen«, eine wunderbar bildliche Beschreibung, denn man sieht ja den Hasen vor sich, wie er sich entweder vor dem Koch in der hintersten Ecke des Ofens zu verstecken sucht oder – sehr berechtigt vor Angst zitternd – mit allerhand Beilagen in den vorgeheizten Ofen geschoben wird.

Nur so richtig Appetit bekommt man nicht.

Vor dem Angsthasen steht »Lamm Erdöpfeln in Backofen« auf der Liste, und irgendwie ist man versucht, »Erdöpfeln« nicht für die falsche Schreibweise von »Erdäpfeln«, sondern für ein Verb zu halten: Ich erdöpfele, du erdöpfelst, er, sie, es erdöpfelt. Was aber geschieht, wenn Lämmer erdöpfeln? Oder erdöpfelt werden?

Ein wenig später auf der Karte: »Sand Smelt fangen fische Brat«. Was das ist? Es war mir unerdöpflich.

Weiter zu einem griechischen Lokal im Münchner Westend. Leser N. sandte mir ein Foto des dortigen Angebots für einen Mittagstisch, auf dem zu lesen war: »Rindleder in Zwiebel-Weinsauce mit Reis«. Er fügte hinzu: »Diese Demonstration existenziellen Sparzwangs der griechischen Bevölkerung kann mich nicht kaltlassen.« Es sind offenbar wirklich die sprichwörtlichen Schuhsohlen, die hier auf den Teller kommen, in Kummer gesotten.

Es kommt aber noch schlimmer. Aus Delphi sandte mir Frau R. eine Karte, auf der unter der letztlich rätselhaften Überschrift »Kpisel Kompasse« allerhand angeboten wurde, darunter auch »mit Personal versorette Tomaten«. Was immer »versorette« bedeutet (gewürzt? gefüllt? überbacken? erdöpfelt?), es macht einem kein gutes Gefühl, zumindest Teile der Hausangestellten serviert zu bekommen. Weit übler wird es in der *Hermion Taverna* in Athen. Frau T. aus Frankfurt konnte mit einem Foto beweisen, dass dort »Kopffüße in der Weinsoße« auf der Karte standen. Leserin M. aus Augsburg orderte auf Kreta eine Vorspeise namens »gefaulte Webmaster«. Es waren dann »gefüllte Weinblätter«.

Und aus der *Rhodos Taverna* in Westerland auf Sylt meldet Herr L., er habe dort einen »Senioren-Teller mit Bratkartoffeln und Tzatziki« entdeckt, was zunächst nichts Überraschendes ist. Aber man wird doch, wenn auf derselben Karte »Fisch-Teller mit Salzkartoffeln und Tzatziki« angeboten wird, fragen müssen: Wenn auf einem Fisch-Teller Fisch liegt, was finden wir dann auf dem »Senioren-Teller« vor? Und was geschah in jenem griechischen Hotel, das Frau B. (die sonst am Starnberger See lebt) besuchte? Sie fand dort nicht nur »Lampe mit Kartoffeln«, sondern auch, als Spezialität des Hauses, »Chef-Hundchen«.

Bleibt noch die Mail von Frau R., die auf der Insel Skopelos auf einer Tavernenkarte von einem »Snitchel Giegar« las und dieses nach einigem Überlegen lautsprachlich (gi-egar = Jäger) als Jäger-Schnitzel identifizierte. Mit dem »Snitchel Tsigoiner« war es dann einfacher.

Wer beschreibt aber die Größe des Rätsels, vor dem sich Frau B. aus Rom sah, als sie eines Tages beim Griechen in Grevenbroich auf der Tageskarte das Gericht »Marienhirte Hänschen« entdeckte?! Man fühlt sich an die Sphinx erinnert, die einst Theben belagerte und mit jedem vorbeikommenden Thebaner ein Rätselspiel trieb; wer falsch antwortete, wurde gefressen. Frau B. schreibt: »Während ich als dort Ortsfremde überlegte, ob dies wohl eine besondere regionale Spezialität sei, grübelte mein Mann weiter: ›…hirte‹ – das hat sicher etwas mit Schafskäse zu tun – aber was soll das mit Maria? Maria und Hänschen … und dann noch der Hirte?? Nachfragen half zunächst nicht weiter, da die Erklärung lautete ›iste einfach Hänschen Marienhirte‹ – ganz klar! Mutig bestellten wir das Gericht und in dem Moment fiel dann auch der Groschen endlich: Es handelte sich um … mariniertes Hähnchen. Es schmeckte sehr gut.«

Anders als bei der Sphinx wurden also hier nicht die am Rätsel Scheiternden gefressen, sondern das Rätsel selbst.

# Feng Shui vom Schwein – oder: Neuigkeiten aus Asien

Sehr oft komme ich in München an einem asiatischen Imbiss vorbei, der seine Speisen »Auch zum Mitnehmen« anbietet. Dieses »Auch zum Mitnehmen« ist aber auf dem Schild im Schaufenster »Auch Zummit nehmen« geschrieben, sodass ich es weniger als Hinweis denn als dauernde Mahnung verstehe, nicht nur die auf der Karte angebotenen Speisen und Getränke zu erwerben, sondern immer auch »Zummit« zu kaufen, was immer »Zummit« sei, irgendeine Beilage vielleicht oder ein chinesischer Schnaps, vielleicht auch eine Süßigkeit?

Ich weiß es nicht.

Aber diese Silbenverschiebung ist ein Spezialität asiatischer Köche in Deutschland, denken wir nur an das Asia-Bistro *Anh-Yen* in Berlin, das auf seiner Karte »Täglich wes chel ende Menüsim Angebot« sowie ein »Ü berraschung sgeschenk« offeriert, quasi eine Asiatisierung des

Deutschen. Wobei: Das Wort »Menüsim« lappt ja schon wieder ins Türkische, sodass wir es hier mit einer äußerst reizvollen Mischsprache zu tun haben.

Aber es kommt noch besser, hier: die Weine auf der Getränkekarte eines China-Restaurants in Lansing/Michigan in den USA, eingesandt vom Ehepaar T. aus Zermatt. Hier wandern französische Weine in ein Anglochinesisch, Pinot Noir heißt dort *Pee-Noe No-Arh*, der Beaujolais *Boe-Szho-Lay* und ein Vin Rosé Sec *Van-Roezay-Sek*. Die Liebfrauenmilch läuft unter *Leeb-Frou-Milsh*.

Ich finde es großartig, wie hier die eine Sprache sich in die andere verwandelt, wie also die französische Sprache und auch die deutsche amerikanisiert werden, dabei aber in der Schrift ganz und gar chinesisch oder, laienhaft betrachtet, fast eher Koreanisch aussehen, eine Glo-Bah-LEE-See-Roonk der Sprache. Und es ist eine der großen Stärken der Kombination von asiatischer Küche mit der deutschen Sprache: die Schaffung von neuen, auf der Zunge zergehenden Substantiven.

Leser G. aus Berlin erinnert sich immer gern an ein Gericht in einem China-Restaurant in Göttingen, das so hieß: »48a gebratäes Höhnebostleisch in Annas Suss Sauer Sosse«.

Frau B. förderte aus dem Internet einige Neuigkeiten über chinesische Tees zutage, einmal über den Wu-Yi-Tee (»Trinkendes Wu-Yi ist auch eine preiswerte Weise des Loswerdens Extrakosten zerstößt im Vergleich zu Drogen, Pillen, Diäten, Mahlzeitwiedereinbauerschütterungen, erhalten etc.«), dann aber auch über den Wulong-Tee: »AnXi

Wu langer Tee ist leicht oxidierter Wu lang Tee vom Anxi Bezirk, Fukien (Fujian) Provinz, China. Es ist bescheidenes, Hauptendstückscharfes, Qualitätslicht, Stammkurze und kleine, der Stammhaut helle Hauptfarbe und Glanzbraun, verhältnismäßig heller und feuchter Tee.«

Höhnebostleisch, Mahlzeitwiedereinbauerschütterungen, Hauptendstückscharfes, Stammhaut: Das sind auf seltsame Weise sich selbst genügende, in der Praxis unbenutzbare Wörter von einmaliger Schönheit, Vokabeln, die wie Feuerwerksraketen zischend in den Himmel steigen, dort in buntem Licht zerplatzen – und weg sind sie. Dunkel ist wieder die Nacht und wartet auf neue leuchtende Begriffe.

Sehr selten hingegen ist, dass wir aus dem asiatischen Raum Wörter zugeführt bekommen, die uns tatsächlich brauchbar erscheinen, eines möchte ich besonders erwähnen, Frau L. fand es auf der Karte des Wiesbadener Lieferservice *Bombay Haus*. Dort lesen wir gleich vorne: »Dienstag Spezial Angebot Drei Bestellen Zwei Basalen«.

Das »Basalen« finde ich erheblich schöner als das deutsche »Bezahlen«, es hat nicht dieses harte Zischen in der Mitte, es groovt irgendwie mehr. Ist es nicht sehr gut vorzustellen, im Lokal nicht »Bezahlen!« zu rufen, sondern »Basalen!«?

Ich möchte dieses kleine Kapitel nicht schließen, ohne drei Gerichte aus der asiatischen Küche besonders zu empfehlen.

Erstens »vietnamesische Windungen«, wie sie im Gasthaus *U Lipy* (Zur Linde) in der kleinen tschechischen Stadt Boc im Egertal von freundlichen Vietnamesen angeboten werden, begleitet von »energiewirtschaftlichen Getränken«, Herr B. aus Freiberg war dort.

Zweitens ein »Feng Shui vom Schwein«, wie es Leserin L. auf dem asiatischen Büfett einer Clubanlage auf Fuerteventura aufstöberte.

Drittens das »Suppegemüse Qu-Shi-Liao«, das man zur Verfertigung einer gleichnamigen Suppe benutzen kann. Leser entdeckten die Abbildung der Verpackung im Internet. T., der Sinologe meines Vertrauens, zog nach meiner Anfrage umfangreiche Erkundigungen ein, wälzte Nachschlagewerke und übersetzte die Worte *Qu-Shi-Liao* schließlich ungefähr mit »Anti-Rheumatismus-Materialien«; jedenfalls sei der Suppe wohl eine anti-rheumatische Wirkung zuzutrauen. Auf jeden Fall findet man in der Inhaltsangabe auf der Verpackung so schöne Zutaten wie »Lebt der reife Samen der Risse des Jobs«, »Der ölerfilz wirdgefärbt« und »Grosse orientalische Waserbanene«.

Meiden würde man vielleicht besser das auf einer chinesischen Karte sehr offen zwischen »Süß-sauer Hühnerfleisch« und »Knuspriges Hühnerfleisch« angebotene »Hühnerfleisch mit ›Komischen Geschmack‹«. Ich weiß allerdings auch nicht, um welches Lokal es sich handelt, fand die Karte nur auf der Internet-Seite des Übersetzer-Netzwerks *ProZ.com*.

Wofür auch immer Sie sich entscheiden, folgen Sie der Aufforderung des Heimservice *Shiwei Wok* in Rheda-Wiedenbrück (Leser K. aus Jena sandte mir diesen Fund): »Genießen Sie unsere Chinesische Cousine«.

Und falls Sie jemals nach Mainz kommen, besuchen Sie einmal die Mensa der Johannes-Gutenberg-Universität und sehen Sie nach, ob es dort noch »Gerüchte aus dem Wok« gibt, Herr H. aus Wiesbaden hat das 2007 mit einem Foto dokumentiert.

Eine echte Gerüchteküche!

# Zitronatzi, Schweineschaum, Fruchtausfugmasse – oder: Mögen Sie ein Dessert?

Dies ist nun das Kapitel für die, wie man in einem beliebten Ausflugslokal im brandenburgischen Wendisch Rietz sagen würde, »Süss-Mäuler unter uns« oder, wie es ebenfalls auf der Karte dort heißt, »for the sweet mouth under us«. Dies nur als Beweis dafür, dass nicht nur das Deutsche im Ausland großartig sein kann, sondern auch das Englische. Denn Süss-Maul oder Süß-Maul oder Süßmaul oder Naschkatze sein heißt ja im Englischen nun mal *to have a sweet tooth*. Und *for the sweet mouth under us* ist allerliebstes Heinrich-Lübke- oder Lothar-Matthäus-Englisch.

Dort in Wendisch Rietz, so schrieb mir Frau W. aus Berlin, gebe es übrigens (allerdings nicht als Dessert) »2 hausgemachte Buletten – gebraten – mit gebuttertem Landbrot und ›Oma Christa's Schnellgurken‹«, was im Englischen dann *2 flat meatballs with bread and grandma's quick bilinguals* heißt – eines der größten Rätsel, denen ich je begegnete. Denn wieso übersetzt man »Schnellgurke« mit *bilingual*? Warum kommen hier mit den Buletten »Oma's schnelle Zweisprachige« auf den Tisch? Wo waren die Zweisprachigen, als diese Karte übersetzt wurde?

Aber dies nur nebenbei, wir wollten uns hier den Nachspeisen widmen. Das Schöne am Speisedeutschen ist, dass man einerseits sehr komplizierte Überlegungen anstellen kann, dass andererseits auch alles wieder ganz einfach ist. Herr H. aus München zum Beispiel sah auf einer Karte im römischen Stadtteil Trastevere die Nachspeise »Sahne Chorhemd mit Fruchten im Wald«, auf Italienisch *Panna cotta con frutti di bosco*, was der Wirt einfach dem Lexikon folgend übersetzt hat. *Panna* heißt »Sahne«, *cotta* ist das »Chorhemd« und so weiter und so weiter, bloß dass hier eben *cotta* natürlich kein Substantiv ist, sondern ein Partizip und »gekocht« heißt. Aber Partizipien stehen so selten im Lexikon wie die Ich-Formen von Verben.

Leser R. aus München schickte mir – wir sind immer noch bei den Süßspeisen – das Bild einer sizilianischen Keksschachtel, auf deren Außenseite die Inhaltsstoffe der *biscotti* verzeichnet waren. Die Liste begann: »ich zuckere, mandeln, mandeln von aprikose, eiweiss, honig…«

Ich zuckere? Das Phänomen kennen wir Jünger des Obersten von Huhn natürlich längst: Der Übersetzer (oder sein Freund, der Computer?) hat nicht einfach das italienische *zucchero* genommen und im Lexikon nachgesehen – was ja einfach »Zucker« ergeben hätte. Er hat

*zucchero* für die Ich-Form des Verbums *zuccherare* gehalten, und dann heißt *zucchero* tatsächlich »ich zuckere«.

Erstmals tritt uns nun aber bei den sizilianischen Keksen nun auch die *zweite* Person Singular in einer Rezeptur entgegen. Denn wenig später tauchen unter den Zutaten *fiocchi di patate* auf, das sind Kartoffelflocken, sie heißen aber hier »du fällst von kartoffeln«. Zu diesem schönen Resultat kommt man nur, wenn man *fiocchi* nicht als Pluralform von *fiocco* (die Flocke) nimmt, sondern als Du-Form von *fioccare*, das heißt »schneien« oder meinetwegen »als Flocken fallen« oder auch nur »fallen«. Dann bedeutet *fiocchi* »du fällst« oder »du schneist«. Und *patate* sind die Kartoffeln.

Das ist kein Einzelfall. Leser B. aus Sulzbach notierte vor Jahren in einem Restaurant in den Nordvogesen, in Lothringen also, es habe dort als Nachspeise »Schneide von seinem Alkohol besprengtes Lothringen« gegeben. Wie das? Es handelte sich um einen *Coupe lorraine arrosé d'alcool*, eine klassische Nachspeise aus Eis oder Sorbet und Früchten (in der Regel Mirabellen), von einem Obstbrand übergossen, das Ganze in einem Pokal, dem *Coupe*.

Aber *couper* ist eben auch ein Verb, es bedeutet »trennen« oder »abschneiden«, und *coupe* könnte die Befehlsform davon sein, das gibt es also auch, wie schön! Jetzt muss man sich nur noch vorstellen, wie eine Nachspeise in der Form Lothringens von Schnaps besprengt wird oder

wie Alkoholhubschrauber nach dem Essen regelmäßig ganz Lothringen überfliegen, um es mit Schnaps zu beregnen.

Moral: Es kann sehr schwer sein, etwas richtig falsch zu machen.

Nicht vergessen wollen wir, dies als letzter Satz zu den Keksen, die Zutat »Zitronatzitronenbaum«, einfach weil es ein wunderbares Wort ist. Was gemeint ist? Vermutlich eben die Zitronatzi vom Tronenbaum.

Sehr häufig übrigens schließen Menü-Karten mit dem Wort »Wüsten«. Dem Kenner ist natürlich sofort klar, dass der Wirt hier einfach zunächst mal aus seiner Landessprache ins Englische übersetzt hatte und bei *desserts* gelandet war. Dann musste er nur noch ein s weglassen, um zu *deserts* zu kommen, was eben »Wüsten« bedeutet.

Welche Wüsten haben wir im Angebot? Nehmen wir die drei schönsten.

– »Nougat erstarrt auyf fruchtausfugmasse«, Leser J. aus Essen entdeckte das in Epernay/Frankreich.

– »Arrollado von feutchem BisKuitKuchen des Sirups, Geländeauffüllung der SuBe der Milch und Wahnsinniger (Nüsse), gesetzt mit Schaum und SchoKolade«. Das brachte Frau F., in Riemerling lebend, aus Cádiz in Südspanien mit, dazu noch eine Speise namens *Natila*, die so erklärt wird: »es verbrennt geringfügig gemacht mit Eiern, Milch und Zucker«.

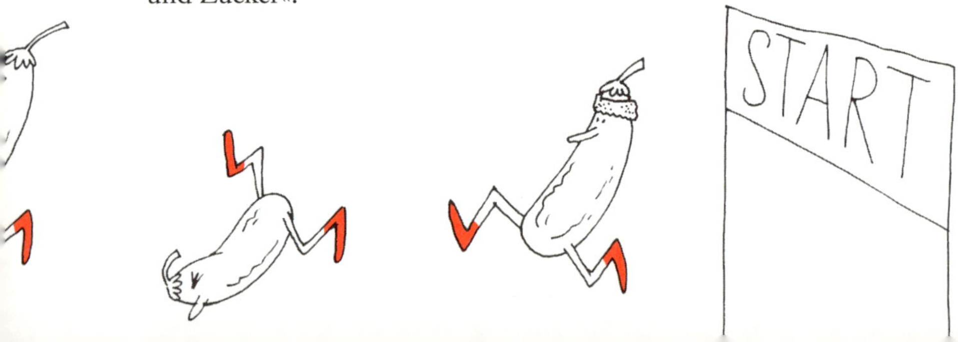

– Die Eisschokolade »mit Drehknopf der Eiscreme«, die das Ehepaar B. im Café-Restaurant auf dem Wawel in Krakau sah.

Sehr gut gefällt mir aber auch »erfahrene Frucht« aus Catania in Sizilien, Frau T. aus München las es dort. Und noch besser, aus einem deutschen Imbiss, am Ende einer lange Liste von »Bratwurst« bis »Nussecken« zuerst »Donat« – und dann, als letzte süße Speise, nicht Éclair, sondern »Erklär«.

Erklär! Das ist genau der Gedanke, den viele von uns am Ende der Speisekartenlektüre haben. Bitte, bitte, Mama, darf ich noch ein Erklär!?

Leser S. aus Freising schließlich schrieb, die Familie sei, als der jüngste Sohn das Lesen lernte, einmal in einem Hotel gewesen. Der Sohn habe die Speisekarte studiert und dann gerufen: »Zur Nachspeise gibt es Schweineschaum! Was ist denn Schweineschaum?«

Es gab Weinschaumcreme.

PS.: In *Fiete's Bistro* auf Sylt wurden mal, dies zu guter Letzt (Familie S. aus Frankfurt schickte mir ein Foto der mit Kreide beschriebenen Tafel), nicht nur »ital. Kaffee« und »hausgebackener Kuchen« angeboten, sondern auch »frische Waffen«. Was mich wiederum an den Brief einer anderen Frau S. erinnert, die auf einem Pappschild an einer Kneipe in Berlin Wedding neben einer kleinen, mit schwarzem Filzstift gemalten Zielscheibe las: »Lernen Sie schießen und treffen Sie neue Freunde.«

Die Kneipe sei immer offen gewesen, schreibt sie, und immer leer …

## Guten Morgen Latte – oder: Das Beste von der Getränkekarte

Die Getränke-Auswahl beschränkt sich auf »in Flaschen getütete Weine« (Leser M. aus Würzburg brachte sie von einer Ungarn-Reise mit), »Wasser glühend antik«, von Ehepaar G. aus Porto importiert, sowie »Blechgetränke« und »Kaltes Tee in Blech«, entdeckt von Leserin V. aus Nürnberg auf Korfu. Außerdem hätten wir »Schorle mit Restkartoffel«, jedenfalls habe es das, schreibt Leserin J., vor vielen Jahren mal in der Münchner Gaststätte *Stadt Mainz* gegeben, damals betrieben von einer jugoslawischen Familie.

Bei der Wahl zwischen Tee und Kaffee bedenken Sie bitte, was Herr K. aus Jena im *Santuari de Cura* auf Mallorca über grünen Tee herausfand: »Wegen seine mächtige Rostschutzmittel er haltet den Altwerdenprozess auf.«

Andererseits gab es in München-Pasing vor Jahren nach Auskunft von Leserin R. am dortigen Marienplatz schon mal »Guten Morgen

Latte« für 1,50 Euro, allerdings nur bis neun Uhr, wohl als *Happy Hour* gedacht. Nicht zu verachten der Milchkaffee »Café Olé«, den ich einmal in einer wunderbaren Glosse in der *Taunus-Zeitung* entdeckte, deren Autorin sich ebenfalls dem Speisedeutsch-Phänomen widmete.

Ich möchte die kurze Getränkekarte abschließen mit einer Anekdote von Leserin G. Sie schreibt: »Ich war im Getränkemarkt. Vor mir war ein Kunde, der einen größeren Posten Mineralwasser bestellte. Bei der Festlegung des Liefertermins schien es Schwierigkeiten zu geben; denn der Kunde war sich nicht sicher, ob er zum vorgeschlagenen Termin zu Hause sein werde. Dazu meinte der Verkäufer, ein Ukrainer: ›Kein Problem, wir Wasser lassen vor Ihre Tür.‹«

Na ja, und Leserin K. aus Leipzig teilt mit, im Rewe-Markt am dortigen Hauptbahnhof habe es mal »Mehrweggetränke« gegeben.

# Peitschen Sie den Käse – oder: Wir kochen selbst

Wer selbst kochen möchte, benötigt zunächst eine entsprechende Ausrüstung. Vor Jahren entdeckte zum Beispiel ein Leser bei *eBay* das sehr schöne Angebot eines gebrauchten Imbisswagens zum Startpreis von 5200 Euro, im Angebot »imbis wagen mit alle gereten« genannt.

In der detaillierten Aufführung des Zubehörs lernt man die deutsche Sprache in ungeahnten Variationen kennen, es war jemand am Werk, der das Deutsche ganz offenbar nur vom Hörensagen kannte und gerade deshalb zu den wundersamsten Formulierungen imstande war: »tüf ist fertig, döner maschine komplet, pizza offen mit unter tisch, gril mit gitern, körie maschine, witrine, külschrank mit glas tühr, fritöze, arbeit plate stahl, schüpühle, wasser bouyler warm und kald, luftung 2 stuck, algemein was ein imbis für wurst döner und pizza braucht, ales komplet.«

Schüpühle, schüpühle… Klingt das nicht wie eine Zauberformel? Man flüstert sie dem schmutzigen Geschirr zu – und schon steht es sauber wieder im Schrank.

Als Ergänzung zu diesen Gerätschaften empfiehlt sich vielleicht ein »Reißkochautomat«, wie ihn Leserin H. aus München einmal im Internet entdeckte, anscheinend ein Apparat, der sowohl reißen als auch kochen kann, eigentlich ein Reiß-Koch-Automat, so was kann man immer brauchen. Oder handelt es sich um etwas wie einen Reißwolf? Irgendwie stellt man sich einen geradezu gewalttätig in seiner Küche wütenden Mann vor, einen Reißkoch, nicht wahr?

Es könnte aber auch jemand sein, der keine frischen Materialien verwendet, sondern nur Fertiggerichte, deren Packungen er eben aufreißt.

Nun zu den Zutaten. Nicht jedem ist ja bekannt, was Leser G. aus Bad Feilnbach weiß, seit er mit seiner Frau bei einer Winterwanderung in einem Café einkehrte und dort, die Speisekarte studierend, las: »Die Speisen können Inhaltsstoffe enthalten.«

Man beachte das »können«. Es muss also nicht sein. Aber der erfahrene Koch weiß doch, dass sich aus dem Nichts nur schwer etwas zaubern lässt.

Die Welt der Inhaltsstoffe und Zutaten ist groß, sie beginnt bei den »bodenhaltigen Hühnern«, die Herr G. aus Celle an einer Brathähnchen-Verkaufsstelle im Münchner Westend auftrieb, und dem »Obermoser Camembär«, gesehen von Frau R. auf einem Plakat an der Außenwand eines Supermarktes in Raubling bei Rosenheim.

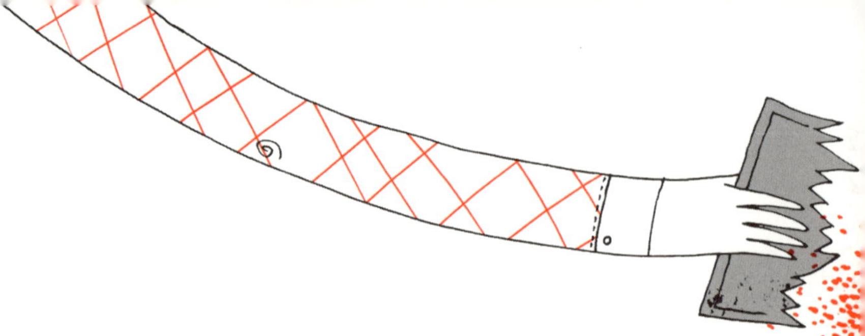

Aber wo endet sie?

Vielleicht beim Fertigrisotto mit Steinpilzen von *La Gustosa brand*, das Frau S. aus Gröbenzell mal auf dem Münchner Viktualienmarkt kaufte? Es enthielt laut Verpackungsaufschrift nicht nur »Ich öle von sonneblume ingwer« und »Muskat vainvbbaun«, sondern auch »Gewwurmelcen«. Oder ist erst beim »Beessbaren Eibisch« aus Ägypten Schluss, den mein Nachbar B. kaufte und der nicht nur Inhaltsstoffe enthielt, sondern sogar »Tanzen mit Den Neuesten AGYPTISCHEN STANDARDS«.

Was das ist? Keine Ahnung. »Hol's der Derwisch«, schrieb mir B.

Und ab in den Reißkocher damit, sage ich.

Nun zu den Rezepten.

Hier stehen wir natürlich vor der ganzen Fülle des heutigen Internetangebots und müssen uns irgendwie beschränken, weshalb ich im Wesentlichen zwei der schönsten internationalen Rezeptseiten vorstellen möchte.

Wir wenden uns zunächst den Huhn-Gerichten im deutschen Teil der Internetseite *microwavecooking.com* zu, schon deshalb, weil hier unser Reißkoch mit all seinen Fähigkeiten Anwendung findet (fast

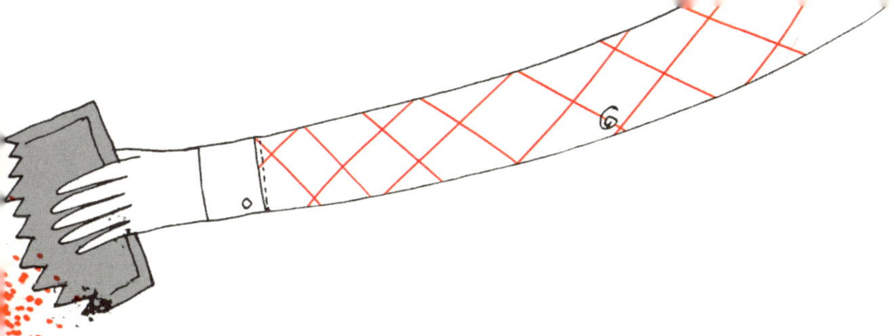

jede der geschilderten Speisen verzeichnet in der Zutatenliste »Huhn, enthäutet, entbeint und zerrissen«), aber auch, weil die Zubereitung der Speisen auf einem Niveau erfolgt, das wirklich anspruchsvoll, um nicht zu sagen: allerhöchst ist. Nur solches Niveau interessiert uns, wie jeder Leser dieses Buches längst gemerkt haben muss.

Nehmen wir nur das *Huhn Bombay*. Hier lesen wir schon in den allerersten Anweisungen: »Vorbereitung Zeit 25 Minuten, kochende Zeit 23 Minuten plus stehende Zeit.«

Das heißt, wer ein *Huhn Bombay* auf den Tisch bringen möchte, muss sowohl Zeit zum Kochen als auch zum Stehen bringen können! Jeder, der schon einmal 23 Minuten in einen Topf warf, die Herdplatte auf die höchste Stufe drehte und dann ratlos in der Küche stand, weil keine einzige dieser Minuten auch nur ein bisschen sich erhitzte, weiß, von welchen Schwierigkeiten ich rede. Ganz zu schweigen davon, dass man dann einmal brodelnde Zeit nur sehr schwer mit einem einfachen »Töpfchen steh!« zum Stehen bringen dürfte. Jedenfalls stelle ich mir das nicht leicht vor, ich verfüge über keine Erfahrung.

Das ist aber noch nicht alles an Herausforderungen auf *microwavecooking.com*. Denn wir müssen, wollen wir nun etwa ein *Huhn Bi-*

*ryani* zubereiten, sehr rasch entdecken, dass wir mit der ganzen schönen, auf *eBay* erworbenen Imbissausrüstung an unsere Grenzen kommen, wenn wir lesen: »Safran und Milch in einer kleinen Schüssel und Hitze des Mähdreschers für 30 Sekunden auf HÖHE«. Da steht man dann in der Küche und kramt in den Schubladen zwischen fritöze und schüpühle, doch nirgends findet sich ein Mähdrescher, ganz zu schweigen von einem heißen Mähdrescher. Vollends am Ende sieht man sich dann, wenn es im Rezept für »Knusperiges Huhn« heißt: »Schmelzen Sie die Butter für 1 Minute auf hohem amerikanischen Nationalstandard … oder benutzen Sie eine begießende Bürste.«

Gott, unsereiner findet ja meistens nicht mal die Knoblauchpresse!

Zuletzt muss aber der Microwavecook wissen, dass von ihm auch persönliche Fitness gefordert ist, wenn er an den Herd tritt. »Rühren Sie sich gelegentlich beim Kochen«, heißt es noch harmlos beim *Butterhuhn*, »rühren Sie sich im Mehl« liest man beim *Huhn Bombay*, ja, »rühren Sie sich gut« und »rühren Sie sich im Joghurt, die Mandeln und die hartgekochten Eier und der Urlaub, um 3-5 Minuten zu stehen, bevor Sie dienen«. Und »rühren Sie sich im Joghurt und in den Acajoubäumen« – so steht es beim *Huhn Korma*.

Abschließend lesen wir über das *Huhn Biryani*: »Nieseln Sie über der Oberseite des Reises und kochen Sie weitere 4-5 Minuten auf HÖHE. Verlassen Sie zum Standplatz für 5 Minuten, bevor Sie dienen. Schmücken Sie mit Korianderblättern, wenn Sie gewünscht werden.«

Ja, gut, aber wer wird schon gewünscht, wenn er gerade über der

Oberseite des Reises genieselt hat?! Da kann man sich noch so schön mit Korianderblättern schmücken …

Übrigens wird man ja bei diesen Rezepten nie das Gefühl los, der Verfasser habe uns eigentlich eine ganz andere Geschichte erzählen wollen, unter dem Mantel der Kochanleitung verberge sich etwas, das er uns unverblümt nicht habe sagen können. Oder wie soll man die Anleitung für *Ravioli di melanzane* verstehen, die Herr K. aus Stuttgart entdeckte und mir schickte? Dort wird unter den Zutaten »ich öle Extra Jungfrau von Olive, Um anzumachen« erwähnt; das Ganze endet mit »Ihr dient sofort warm«, und zwischendurch tauchen mittendrin immer wieder Sätze auf wie »Hüllt ihn in eine Serviette ein und ihr laßt pro 30 Minuten ausruhen« oder »du sie und dir sie abtropfen zu lassen, so daß verliert es die Flüssigkeit pro 30 Minuten. Du sie, du sie und sie, stellt sie auf das Löschpapier auf«.

Was geschieht denn da?

Nun aber zum absoluten Höhepunkt des Themas, den Rezepten auf der einerseits türkischen, andererseits irgendwie deutschsprachigen Internetseite *turkiyeninrehberi.com*, auf die mich einst Herr K. aus Mittenwald hingewiesen hat. Schon vor vielen Jahren habe ich in meinem *Wortstoffhof* die unendliche Vielfalt der dort in ihrer Zubereitungsweise ausführlich erläuterten Speisen gepriesen, bitte, darf ich mich einmal selbst zitieren? »KunstiErwürgt Salat, Schenkel der Frau Kofte, Feiger Fischteich, Hühnchen und Gemüse stopften sich voll, Pilaf mit Leber und Wahnsinnigen, Aufregung Kebabi, Auf und Ab Geback, Enträtselte Schweiß-Geback sowie, ist es denn die Möglichkeit!?: Atem Mit Pilz.«

Und immer dachte ich in all den Jahren seither: Eines Tages wird dieses Wunder aus dem Internet verschwinden, jemand wird entdecken, dass es so etwas Schönes nicht geben darf, dass uns Menschen dieses kulinarische und sprachliche Mirakel nicht zusteht, dass wir es nicht verdient haben.

Man wird uns *turkiyeninrehberi.com* wieder nehmen, dachte ich.

Aber es geschah nicht, *turkiyeninrehberi.com* blieb bis heute, und so lesen wir immer wieder von Neuem, mit welch ungewöhnlichen Maßnahmen man solche Gerichte zubereiten muss:

»Hacken Sie die Rakete, bevor alle Zutaten mischen.«

»Breiten Sie sich über den Salat gleichmäßig.«

»Vermischen Sie sich mit Hackfleisch.«

»Füllen Sie sich mit Mischung, Verständigen Sie sich in einem Kochtopf nebeneinander.«

»Kochen Sie Die Salat-Blätter freundlich.«

»Platz-Geback-Bettücher auf Spitze von einem anderen. Schnitt in 4 pcs kreuzweise. Bürsten Sie jeden pc mit Wassermargarine-Mischung. Löffel-Sardelle f ý Lling auf jedem pc. Falte entgegengesetzte Ecken über f ý Lling an beiden Seite, auf einander wie ein Bündel übergreifend.«

»Verständigen Sie sich auf einem eingefetteten Backen-Bettuch.«

»Beanspruchungsmischung. Hitzebutter-Koch-Mehl 5 Minuten, fügen Sie Knochen-Kapitalmischung gut hinzu.«

»Waschen Sie sich und Blutgeschwür in zwei Schalen des Wassers, bis sie ziemlich weich sind.«

»Peitschen Sie den Käse.«

»Zerquetschen Sie oder schleifen Sie die pistachio Wahnsinnigen.«

»Falte-Ecken von Geback über Zentrum, leicht drückende Ecken, um auf Robbenjagd zu gehen.«

»Waschen Sie sich und trocknen Sie die Auberginen.«

»5 Minuten vor dem Ende der kochenden Zeit, Fügen Sie die Erbsen und den schwarzen Pfeffer, Decke mit einer Serviette hinzu, *und reisen Sie nach 20 Minuten ab.*«

Nach vielen Jahren schrieb mir Herr K. aus Essen: »Man hat die Autoren ja förmlich vor Augen zu und sieht Ihnen zu beim Ringen um das passende Substantiv, das überraschende Adjektiv und bei dem Versuch, sich nach der Robbenjagd auf einem eingefetteten Backen-Bettuch zu verständigen … Man möchte auf die Knie sinken und stellt fest: Da ist man schon längst.«

Und es geht weiter und weiter.

»Sprühregen mit pistachionuts. Werfen ein bißchen. Dienen Sie heiß.«

»Vermischen Sie sich und Übermaß-Soße und Strömen darüber. Dienen Sie ihm mit Dill.«

»Gestelltes Hühnchen rollt uns tosts in einer Pfanne. Kochen Sie es eine Zeitlang und dienen Sie ihm.«

Ja, so wollen wir es machen, so wollen wir sein! Wir wollen dem gestellten Hühnchen dienen, wir dienen ihm heiß, wir dienen ihm mit Dill, wir vermischen uns und strömen darüber, wir werfen ein bisschen, wir peitschen den Käse, wir hacken die Rakete, wir enträtseln das Schweiß-Geback, wir nieseln über den Reis und kochen die Zeit, wir tanzen mit den neuesten AGYPTISCHEN STANDARDS, wir schwingen die fritöze.

Ach, herrje, das Leben ist schön!

# Seien Sie bitte! – oder: Kurze Bemerkungen vor dem Nachhausegehen

Zum Schluss fällt mir der Brief von Herrn S. aus Vorderstoder ein, der vor vielen Jahren einmal ein Plakat gesehen hatte, auf dem *Werner's Restaurant* am Golfplatz im oberösterreichischen Windischgarsten eine Wildwoche mit dem schönen Satz ankündigte: »Totes vom Wald wird bei uns lebendig«.

Da wurde also der Hirsch in der Pfanne lebendig, oder wie?

Und dann wäre da noch die Post von Leserin W. aus Frankfurt, die dort einmal auf einer Schiefertafel vor einem Café-Bistro-Restaurant die »Verfehlung des Tages« angekündigt fand. Was es war, hatte sie vergessen – aber in diesem Buch gibt es genügend Beispiele, denke ich. Zwischen »Volle Hose« und »Leeres Kuchen« (beides auf der Karte einer kleinen Trattoria in Italien von Frau V. gesehen) war alles dabei, oder?

Beachten Sie bitte abschließend die Notiz auf der Karte der Osteria

*Fantasia* in Lazise am Gardasee, eingesandt von Leser J. aus Seehausen »Sie verwirklichen nicht sich du zählst getrennt«. Sollte Ihr Portemonnaie leicht nach Orangen duften, dann sind Sie übrigens im *Los Americanos* auf Kuba. Dort sei, so teilte mir Leser B. aus Berlin mit, seine Freundin Katja auf folgende Delikatesse gestoßen: »Karibik Geldbörse Bouquet von Saisongemuese aromatisiert mit Orange«, auf Französisch (mit kleinen Fehlern) *Bourse des mèr Caribe avec Bouquet de légumas de saison parfumé à l'orange.* »Woanders werden Geldbörsen geklaut, hier aromatisiert«, schrieb B. erfreut.

Vergessen Sie auch nicht, was als letztes Wort auf der Menüliste des *Tobogan* in Barcelona steht: »Tanken«.

Sofern Sie sich auf dem Weg nach Köln befinden, bedenken Sie, was Herr H. auf einem Schild in einer dortigen Straßenbahn las: »Bitte beachten Sie das Verzehrverbot auf Kölner Stadtgebiet!« Essen Sie also rechtzeitig noch etwas. Und wundern Sie sich nicht über den hungrigen Gesichtsausdruck vieler Kölner.

Auf den Heimweg möchte ich allen Lesern einen Satz mitgeben, den meine Leser M. und Leserin B. aus Erlangen auf der Infokarte eines Hotels im Death Valley in den USA erblickten: »SEIEN Sie bitte!«

# Inhalt

Satz: Schuster & Junge, München
Druck und Bindung: Pustet, Regensburg
ISBN 978-3-88897-779-4

Satz: Schuster & Junge, München
Druck und Bindung: Pustet, Regensburg
ISBN 978-3-88897-779-4